부부
같이 사는 게
기적입니다

부부 같이 사는 게 기적입니다

초판 1쇄 2017년 12월 1일
초판 9쇄 2022년 11월 1일

지은이   김용태

발행인   정경진
편집장   정규보
기획   고준영
디자인   디자인캠프 · 박종건
교열   김화선
마케팅   김찬완

펴낸 곳   ㈜알피스페이스
출판등록   제2012-000067호(2012년 2월 22일)
주소   서울 강남구 삼성로634(삼성동)
문의   02-2002-9880
블로그   blog.naver.com/the_denstory
ISBN   979-11-85716-55-8 03180
값   13,800원

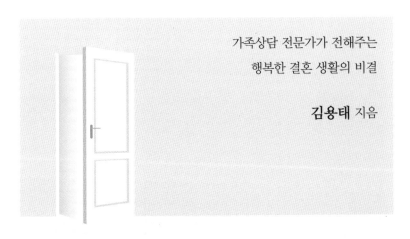

가족상담 전문가가 전해주는

행복한 결혼 생활의 비결

김용태 지음

부부
같이 사는 게
기적입니다

Denstory

일심동체는 환상일 뿐,
부부는 둘이다

초원에서 만난 소와 사자.

서로의 모습과 취향이 달라 너무 멋있어 보였다.

둘은 사랑해 결혼까지 이르게 되었다.

소는 열심히 풀을 뜯어다가 사자에게 주었고,

사자는 열심히 사냥을 해 소에게 주었다.

최선의 사랑을 했지만, 사랑할수록 둘은 굶주림에 시달렸다.

둘은 급기야 "왜 너는 내 마음 같지 않으냐"고

"왜 이 좋은 풀을 먹지 않고, 고기를 먹지 않느냐"고 힘들어하다가

"너 같은 건 처음 본다"며 오해의 오해를 거듭했다.

차이를 인정할 수도, 수용할 수도 없어 결국 각자의 길로 가게 되었다.

얼핏 동화 같지만 웃을 수만은 없는 소와 사자의 결혼 이야기다. 소와

사자처럼, 화성에서 온 남자와 금성에서 온 여자의 결혼 생활도 마찬가지다. 서로 달라서 좋아했는데, 결혼하면 달라서 싸운다. 서로 좁힐 수 없는 본질적인 차이가 존재한다. 남자와 여자가 얼마나 다르면 서로 다른 별에서 온 존재라고까지 할까.

부부는 이렇게 다른 두 사람이 만나 결혼으로 맺어지는 관계다. 게다가 부부에게는 '남녀 차이'뿐만 아니라 내향적이거나 외향적인, 이성적이거나 감성적인 타고난 '성격 차이'까지 있다. 부부는 한마음이 될 수 없다. 팩트(fact)로만 보면 오히려 한마음이 '안' 되는 것이 자연스럽다.

결혼 생활은 '아, 우리가 이렇게 다르니 안 통하는구나'에서 출발해야 한다. 일반적으로 부부 사이는 '통하는 관계'가 되는 것이 정상이라고 생각한다. 그러나 통하지 않는 게 정상이고 당연하다. 부부가 서로 완벽하게 소통하고 싶은 마음은 심리학적으로 볼 때 '현실에 기반을 두지 않은 기대', 즉 환상(fantasy)이다. 그래서 인지심리 치료와 같은 심리 치료에서는 현실적으로 기대를 조정하는 처치를 한다.

부부가 결혼 생활을 잘하기 위해서는 '남편 되어가기, 아내 되어가기'를 배워야 한다. 결혼하여 남편이 되었다고 남편 역할을 제대로 할 수 있는 것도, 아내가 되었다고 아내 역할을 제대로 할 수 있는 것이 아니다. 면허증을 땄다고 해서 지금 바로 도로에서 베스트 드라이버가 될 수 없듯이, 결혼 후 바로 아내와 남편이 된 것은 아니다.

초보 아내는 아버지처럼 자신을 잘 받아주고 보호해주면서 말 잘 듣는 아들 같은 그런 남편을 기대한다. 아내에게 만족스러운 남편이 되려면 남자는 아버지와 아들 역할을 해야 한다. 남편도 평상시엔 아내가 딸처럼 고분고분하기를 바라다가도 자신이 지치고 힘든 날에는 엄마처럼 해주기를 기대한다. 남자에게는 엄마라는 존재가 영원한 안식처이기 때문에 결혼 후엔 그 안식처가 아내가 되길 바라는 것이다. 이렇게 서로 한 사람에게 두세 명의 역할을 기대하면서 살아가니 부부가 같이 잘 사는 게 기적일 수밖에.

근본적으로 다른 두 사람을 향한 역할 기대를 조정하지 않으면 악순환 관계가 되기 쉽다. 다른 것을 다르게 보지 않고, 틀렸다고 하면서 "네가 문제이니 네가 고쳐라", "나에게 맞춰라"라고 하면 저절로 악순환으로 흐른다. 선순환 관계를 만들려면 의도적인 노력이 필요하다. 부부 사이의 '기적'은 자연스럽게 일어나지 않는다. 악순환의 부부 관계를 선순환으로 돌리기 위한 솔루션 중 하나는 서로의 다름을 아는 것이다.

우선 '남녀 차이'에 대해 아는 것이다. 부부싸움은 남자와 여자가 서로 어떤 존재인지 몰라서 일어나는 경우가 대부분이다. 남자와 여자는 사는 세상이 다르다. 남자는 파워의 세계에, 여자는 연결의 세계에 산다. 상대에게 기대하는 것, 대화 방식, 사랑에 대한 정의도 다르다.

두 번째, 서로의 성격 유형을 파악하는 것이다. 상담실을 찾는 부부들에게 배우자의 성격 유형에 대해 알려주면 "아니, 당신이 이런 사람이었어? 나는 나 같은 줄 알았지!" 하면서 깜짝 놀라는 경우가 있다. 배우자가 어떤 사람인지도 제대로 모른 채 자신의 성격과 성질대로 대하면 악순환이 된다.

세 번째, 아주 중요한 주제로 각자 살아온 가족 배경에서 만들어진 결혼에 대한 기대(판타지)가 다르다는 것을 알아야 한다. 사람마다 결혼을 하며 '결혼 생활은 이럴 거야' 하면서 그리는 그림이 있다. 이는 결혼 전 가족의 생활 방식, 가족이 채워주지 못한 결핍에서 비롯된다. 즉 각자 삶의 히스토리 속에서 중요하게 생각했던 것을 존중받지 못하면 싸움이 시작된다. 20년 전 싸웠던 이유로 지금까지 싸우는 부부가 많다.

마지막으로 서로 강자가 되려는 헤게모니 싸움을 인식해야 한다. 부부들을 보면 대체로 한쪽이 권력을 쥐고 사는데, 강자의 뜻에 따라 집안 대소사가 결정된다. 강자와 약자가 존재하면 부부 사이의 친밀함은 실종된다. 세월이 지나 강자는 약자에게 복수를 당하기도 한다. 권력에 눌린 사람이 끝까지 눌리지는 않는다. '부부싸움은 지는 것이 이기는 것이다'라는 말이 그래서 나온 것이 아닐까 싶다. 강자로 살면서 배우자의 사랑까지 바란다면 불가능한 일을 원하고 있는 것이다.

이러한 서로의 다름을 고치려고만 하지 말고 이해할수록 더 좋은 남편, 더 좋은 아내가 될 수 있다. 상대를 이해하는 자기 초월을 하지 않으면 사랑의 관계는 이루어지지 않는다. 자신을 자연스럽게 두지 않고, 의도적인 노력과 연습을 통해 부부 관계는 친밀해진다.

부부는 일심동체가 아니라 이심이체일 수밖에 없다. 각자의 마음으로 살되 같은 삶의 목표(goal)를 가지면서 바라보는 방향이 같으면 된다. 상담실에 찾아온 부부들이 내가 이렇게 얘기를 하면 아주 편안해한다. 일심동체가 될 수 없었던 자신들이 비정상이라는 생각에서 해방된 것 같다고 한다. 앞으로도 일심동체가 될 필요는 없다고 하니 후련한 표정으로 상담실을 나간다.

30여 년 동안 부부 상담을 경험하면서 부부는 아무리 나쁜 관계에 처해 있어도 회복될 수 있는 관계임을 지켜보았다. 부부는 궁극적으로 잘 살고 싶어 한다. 기본적으로 부부에겐 서로 좋아하는 마음이 있기 때문이다. 그 마음을 표현하고 드러내면 회복된다.

바로 나는 이 책을 통해서 악순환하고 있는 부부들이 어떻게 선순환의 부부 관계를 맺을 수 있는지 보여주고 싶었다. 처음에 그들이 어떤 기대를 안고 만났는지, 어디선가 어긋나게 된 그 기대를 어떤 이해를 통해 바로잡을 수 있는지 보여주고 싶었다. 상담실에서 눈물과 고통의 골짜기를 지나 자신들의 부부 관계를 아름답게 회복했던 부부들 얼굴이 떠오른다. '골이 깊으면 산도 깊다'는 말처럼 그들 부부 관계의 골짜기는 좀 더 휴식하며 아름다운 경치로 바라볼 수 있는 깊은 산을 만들어내기도 했다. 눈물과 웃음을 함께 나눈 내담자들에게 응원을 보낸다. 결혼 생활을 시작하여 이제 남편과 아내가 되어가고 있는 부부들, 결혼을 앞둔 예비부부에게도 이 책이 결혼 생활을 함께할 수 있는 지혜로운 안내서가 되길 기도한다.

이 책이 나오기까지 기획과 진행을 총괄한 고준영 기획자, 편안하게 책을 만들 수 있는 분위기를 만들어준 덴스토리의 박운미 상무님, 여러 사례와 적절한 피드백을 제공해준 류현아 편집장님, 이 작업에 함께 참여해준 데이비드 서·최은숙 부부, 책 편집을 담당한 김진희 차장님과 디자이너에게 진심으로 감사드린다. 끝으로 책을 쓰는 동안 지혜와 열정을 주신 하나님께 감사드리며 부부로서 함께 살며 나를 성장시켜준 아내에게 이 책을 바친다.

2017년 11월
김용태

차례

Part

2   같이 사는 게 기적이다

 _ Part 1

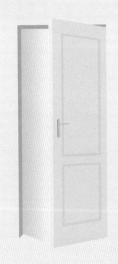

우리 부부는 왜 맨날 싸울까

결혼
이해하기

01
부부싸움이
악순환 되는 이유

진짜 이유는 따로 있다

지금 상담하고 있는 20년 차 부부가 싸우는 주제는 '현관 바닥과 맨발'이다. 남편이 집에 들어오고 나갈 때 현관 바닥에 발을 디딘 채 신발을 신고 벗는데, 아내는 그것이 몹시 싫다. 처음에는 바닥을 딛지 않고 바로 신발에 발을 넣을 수 있도록 남편이 나갈 때마다 현관 앞에 구두를 대령해 두기도 했다. 그러나 남편은 바닥에 내려서 신발을 신곤 했다. 손님이나 누가 오면 아예 맨발로 바닥을 디딘 채 현관문을 열어준다. 아내는 남편의 그런 모습에 노이로제가 걸릴 지경인데, 아무리 얘기를 해도 남편은 신혼 때부터 지금까지 달라지는 게 없다.

아내에게 맨발로 현관 바닥을 딛는 것이 왜 그렇게 싫으냐고 물었더니, 현관 바닥에 묻은 지저분한 것이 집 안으로 들어오는 것이 싫다고 했다. 깨끗이 치워놓은 집 안에 더러운 것이 묻은 양말로 들어와서 거실이며 방에 돌아다니면, 청소가 헛수고가 되고 위생상으로도 좋지 않다는 것이다.

남편에게 물어보았다.

"맨발로 현관을 디디는 특별한 이유가 있으신가요?"

"무슨 특별한 이유가 있겠어요. 그게 편해서 그러죠. 아내가 얘기할 때는 그렇게 하려고 하는데 저도 모르게 맨발로 딛게 되네요. 하하하."

"그러시군요. 아내분 말을 들어주려고 하는데 잘 안 된다는 거네요. 아내분이 그 일로 스트레스를 받으시는데, 어떡하죠?"

"그게 글쎄, 저도 모르겠어요. 사실 저는 맨발로 디뎌도 별로 문제가 되지 않을 것 같은데, 아내가 좀 까다로워서 그래요."

남편이 아내와 다른 자기 입장에서만 얘기를 하고 있다. 다시 남편에게 물었다.

"아내분과 잘 지내려면 이 문제를 해결하고 넘어가야 할 것 같은데, 어떻게 생각하세요?"

"그런가요? 아내가 신경질적으로 얘기하지 않으면 제가 말을 들어줄 수도 있죠."

이 말은 아내로서는 처음 듣는 이야기다.

"그러면 그동안 아내가 신경질적으로 말해서 일부러 그러신 건가요?"

"꼭 그렇다기보다는 어쩌다 보니 그렇게 되었는데, 아내가 매번 신경질을 부리니 제가 더 하기 싫었던 면이 있죠."

아내는 어이없다는 표정으로 남편을 쳐다보고, 남편은 이를 외면한다.

"이거 보세요. 이이는 내가 원하는 거는 일부러 안 해준다니까요. 내가 좋아하는 꼴을 못 봐요."

아내에겐 남편이 현관 바닥을 디디는 게 자기의 수고를 헛수고로 만드는 행동으로 느껴진다. 남편은 '깨끗한 집'이라는 환상을 깨는 사람이다. 더 들어가면 '이 사람은 나를 존중하지 않아. 이 사람은 내가 좋아하는 것을 해주기 싫어해'로 연결된다. 아내가 이렇게 생각하게 된 데는 근거가 다 있다.

아내는 겉으로는 현관 바닥을 딛는 것이 불만이어서 싸운다고 했지만, 파고들어가다 보니 다른 이유가 있었다. 20년 전 일이었다. 첫 아이를 낳고 산후통과 우울증으로 누워 있는데, 남편이 한밤중에 친구들을 몰고 나타나 술상을 차려달라고 했다. 신혼 초 집에 친구들을 데리고 오는 문제로 여러 번 다퉜는데, '이런 상황에 또!'라는 생각에 아내는 현관에 서 있는 남편 친구들에게 인사도 하지 않고 아이를 데리고 친정에 가버렸다. 남편은 '친구들 앞에서 망신을 당했다'고 생각했고, 아내는 누워 있는 아내를 도와주지는 못할망정 친구들을 데려오는 '남편 같지 않은 남편'이라고 생각했다. 아내가 친정에 가 있는 일주일 동안에도 남편은 아내를 데리러 오지 않았다. 친정 부모가 "헤어질 거 아니면 집으로 돌아가라"고 해서 집으로 돌아오긴 했지만, 아내 마음에는 그 일이 지금까지 앙금으로 깔려 있다. '애 낳고 누워 있는 아내에게 친구들 술상을 차리라던 당신! 지금도 내 생각은 조금도 안 해주는구나. 내가 그렇게 싫다는데!' 남편도 마찬가지다. '20년 전 친구들 앞에서 개망신을 주더니, 지금도 나를 존중하지 않는구나. 맨발로 바닥 좀 딛는 게 무슨 대수라고? 그럴 때마다 잔소리하는 아내! 그런 이야기 따윈 들어주고 싶지 않다.'

이것이 많은 부부가 겪는 부부싸움의 패턴이다. 수십 년씩 해결되지 않고 남아 있는 앙금의 주제. 이 앙금을 해결하지 않으면 부부는 매번 다른 문제로 싸운다고 하지만 궁극적으로는 이 주제로 싸우게 된다. 이 사건이 부부에게 왜 앙금이 되었는지를 봐야 한다. 남편이 그날 밤 친구들을 데리고 온 것이 아내에게 왜 그렇게 큰 문제가 되었는지, 남편은 아내가 싫어하는데도 왜 친구들을 집에 데리고 왔는지, 친구들 앞에서 아내가 인사도 없이 친정에 갔을 때 남편 마음은 어땠는지, 그리고 친정으로 가면서 아내 마음은 어땠는지, 그런 것을 서로 물어보고 얘기를 해야 한다. 그러면 이것이 남편과 아내의 결혼에 대한 기대, 판타지와 연결된다. 각자 자라온 '원가족'과도 연결된다. 이렇게 다 연결되어 있다. 표면적으로 싸우는 특정한 문제 뒤에는 이렇게 많은 배경이 있다. 그래서 오래된 부부를 상담하면 시간이 많이 걸린다. 그 배경을 다 찾아내야 한다. 당시에 서운했던 것들을 다 꺼내놓고 일일이 어떤 의미였는지 확인하고, 말하면서 해결해줘야 부부 사이에 쌓였던 담이 허물어지며 관계가 회복된다.

달라서 좋았는데 달라서 싸운다

아내 입장에서는 남편이 '사사건건 문제를 일으키는 사람(프로블럼 메이커, problem maker)'이고, 남편 입장에서는 아내가 '사사건건 시비 거는 사람'이다. 아내에게는 남편이 현관 바닥만이 아니라 여러 가지로 문제를 일으키는 사람이다. 거실을 어지럽히는 것도, 화장실을 깨끗이 쓰지 못하는 것도, 식탁에 음식을 흘리면서 먹는 것도 모두 다 문제다.

이처럼 아내는 깨끗한 것에 대해 집착적인 태도를 보이는데, 아마 어린 시절에 누군가 깨끗한 사람(부모님 중 한 명이었을 확률이 높다)과 상호작용을 했을 것이다. 깨끗한 사람은 상대방에게도 깨끗할 것을 요구하기 때문에 이런저런 지시나 통제를 한다. 마찬가지로 똑똑한 사람은 배우자나 자식에게도 똑똑해질 것을 요구한다. 깨끗한 사람과 똑똑한 사람이 프로블럼 메이커가 된다.

깔끔한 사람은 '이래도 좋고 저래도 좋다'는 배우자를 만난다. "좀 더러우나 깨끗하나 무슨 대수냐. 더러우면 닦으면 되지." 이런 사람을 만나면 좋다. 편안하다. 자유로움을 느낀다. 아내 입장에서 보면 그게 지금의 남편이다. 반면 남편 입장에서는 깔끔한 여자가 좋다. '이래도 좋고 저래도 좋다'고 하는 여자가 아니기 때문이다. "이래도 좋아, 저래도 좋아" 하면 "이 남자도 좋아, 저 남자도 좋아" 할 거라고 생각한다. 남자들에겐 깔끔이라는 주제가 성적 순결의 문제로 연결되기 때문이다. 따라서 남자는 깔끔한 것을 단아하고 절제된 모습이라며 좋아한다. 그렇게 서로 좋아하고 사랑하고 결혼한다.

그런데 결혼을 하면 완전히 달라진다. 여자가 볼 때는 남자가 지저분하다. 남편은 현관과 거실을 구별하지 못한다. 그래서 남편이 현관에 갈 때마다 보기 싫어진다. 몇 번 참다가 얘기한다. "당신은 현관에서 맨발로 있더라. 그러지 마." 이렇게 잔소리를 하다가 나중에는 현관에 서서 남편을 감시한다. 아내가 프로블럼 메이커가 되는 것이다.

남편 입장에서는 현관으로 가면 아내가 뭐라 하니까 불편하다. 자유가 중요한데 자꾸 통제를 하니 반발심이 생겨서 더 마음대로 한다. '네가 그럴수록 나는 더 한다'는 심산으로 아예 신발을 신은 채 거실로 들어오기도 하고, 집 안으로 던지기까지 한다. 복수심에 아내가 중요하게 생각하는 것에 손상을 입히는 것이다. 그러니 싸움이 심화된다. 이렇게 현관 때문에 싸우다가 점점 화장실, 식탁 문제로 싸움이 확대된다. 악순환 과정에 돌입하는 것이다. 자유로워서 좋았고 단정해서 좋았는데, 지저분해서 싫고 통제당해서 싫어진다.

그러다가 결정적인 사건들이 생긴다. 용서 못 하는 사건들이 생긴다. 이 부부의 "당신은 그때 남편 같지도 않았어!", "당신은 친구들 앞에서 개망신 줬잖아!"와 같은 사건이 생긴다. 이런 중요 사건은 원가족과 연결된다. 원가족과 해결하지 못했던 사건과 비슷하게 느껴진다. 살면서 부모와의 관계에서 상처 입었던 것과 연결된다. 아내는 '그때도 엄마(아빠)가 내 수고를 망치는 느낌이 들었었는데, 이 사람도 그러네' 싶어진다. 아내는 자신이 아무리 집 안을 깨끗하게 하려고 해도 안 된다고 느끼며 우울해진다.

그런데 이제 자녀들까지 이 사건에 동참한다. 떼거지로 현관 바닥에 발을 디디는 것이다. 남편을 잡다가 이제는 아이들을 잡는다. 남편을 잡는 것에 실패하는 것은 당연하다. 남편은 밖으로 돌아다니니 아내는 잡을 수가 없다. 만약 남편이 아내에게 잡히면 남편은 아내 눈치를 보는 정체성 없는 사람이 될 수 있다. 깨끗하게 살고 싶은 마음에 자칫하면 남편 인격을 망가뜨릴 수 있다. 정체성이 분명한 사람들은 대체로 다른 사람의 말을 잘 듣지 않는다. 왜냐하면 정체성은 자신이 원하는 것, 소신과 관련이 있기 때문이다. 따라서 자신이 원하지 않는 것을 강요당하거나 소신과 어긋나는 것을 요구받으면 말을 듣지 않는다. 이는 건강한 사람의 특징이기도 하다.

이렇듯 서로 다른 점이 좋아서 만났는데, 막상 결혼하면 그것 때문에 죽어라 싸운다. 서로를 비난하며 공격하는 악순환 관계는 노력하지 않아도 자연스럽게 만들어진다. 그러나 서로 이해하고 보듬어주는 선순환 관계는 노력하지 않으면 만들어가기 어렵다. 선순환 부부가 되려면 많은 노력이 필요하다. 원가족에서 상처가 적은 사람들, 즉 부모와 사이가 좋았을수록 선순환 부부 관계를 맺을 가능성이 높다. 원가족에서 상처가 클수록, 즉 부모와 사이가 나빴을수록 악순환 부부로 살 가능성이 높다. 그래서 원가족이 아주 중요하다. 부부는 둘이 사는 것이 아니라 각자의 부모(돌아가셨더라도)와 함께 6명이 사는 것이라고 보는 이유다.

부부는 다투고 이해하는 과정을 거치며 도를 닦아야 한다. 부부는 자기 자신을 초월해야 잘 지낼 수 있는 관계다. 이 과정을 거치지 못하면 현상 유지만 하고 산다. '피곤하게 무슨 대화를 그렇게 하느냐. 너 따로 나 따로 살고, 힘들면 나가서 밥 한 끼 함께 먹으면 되지.' 보통 남자들이 이런 태도를 취한다. 이런 부부 관계는 겉으로는 부부지만 친밀함과 사랑이 사라진 무늬만 부부인 관계다. 무늬만 부부로 사는 남편과 아내는 진정한 행복을 누리기 어렵다.

02

남편이 된다는 것,
아내가 된다는 것

면허를 따자마자 베스트 드라이버가 될 수 없듯이

처녀와 총각이 결혼을 하면 자동으로 아내와 남편이 되는데, 이는 신분상의 변화일 뿐이다. 신분에 맞는 변화를 이루기까지는 시간이 필요하다. 면허증을 따는 것과 베스트 드라이버가 되는 게 별개이듯, 남편이 되었다고 바로 남편 역할을 제대로 할 수 있는 것은 아니다. 남자가 남편이 되는 데는 오랜 시간이 걸린다. 여자가 아내가 되는 것도 마찬가지다. 결혼을 했다고 서로에게 완벽한 아내, 완벽한 남편 역할을 기대하는 것은 무리한 요구다.

'남편 되어가기'는 '아내 알아가기'다. 아내와 살다 보면 여자는 남자와 달리 복잡한 존재라는 것을 알게 된다. 원래 사람 마음은 부드럽고 말랑말랑해서 상대방이 조금만 소리를 지르거나 화를 내어도 움찔하거나 위축된다. 이는 남자나 여자나 마찬가지지만, 여자는 특히 마음을 중요시하기 때문에 남편의 말과 행동에 민감하다. 아내에게는 젠틀맨이 되어줘야 한다는 것을 깨닫고 스스로를 바꿔가는 것이 남편 되어가기다. 부드럽게 말하고 다정하게 행동을 해야만 마음이 중요한 여자와 제대로 살아갈 수 있음을 알아가는 것이다.

남편 되어가기는 남자의 공격성이나 호전성을 통제하고 조절하는 자기관리를 필요로 한다. 공격성과 호전성이 통제되지 않으면 남자는 여자에게 거칠거나 공격적으로 대하게 된다. 그러면 아내는 위축되거나 거칠어지게 되고, 부부 관계는 남자와 여자의 관계가 아닌 경쟁 관계나 동지 같은 남성적 관계를 형성한다. 사실 많은 부부가 남자와 여자로서의 관계보다는 동업자나 경쟁자와 같은 관계로 산다.

'아내 되어가기'도 마찬가지다. 남편을 알아가는 일이 아내 되어가기다. 여자는 상하를 분명히 구별하기 좋아하는 남자와 달리 '좋고 싫음'만 중요시한다. 좋아하면 껌뻑 죽고, 좋아하지 않으면 비난한다. 남편이 좋으면 간이라도 빼줄 듯 잘하다가도 마음에 안 들면 비난을 하거나 잔소리를 한다. 물론 그 비난과 잔소리는 더 잘 살아보겠다는 의도에서 비롯된다. 그러나 애석하게도 결과는 여자의 의도와는 완전히 반대로 나타난다. 남자는 잔소리를 하면 더 말을 듣지 않기 때문이다. 남자가 잔소리하는 여자를 얼마나 싫어하면, 성경에 '다투는 여자와 큰 집에서 사는 것보다 움막에서 혼자 사는 것이 낫다(잠언 21:9)'라는 말이 있을까? 남자들은 잔소리하는 여자와 한집에 사는 것보다 지붕 모퉁이에서 한뎃잠을 자는 게 낫다고 생각한다.

여자는 남자의 이런 성향을 빨리 깨닫고, 남자를 존중하고 나아가 존경해줘야 한다. 의도는 좋았더라도 '비난하는 것은 상대방보다 우위에 서려고 하는 행동'임을 깨달아야 한다. 남자는 격이 다른 것을 좋아한다. 최고, '쓱' 올라가는 것을 좋아하지 않는 남자는 없다. 남자는 죽을 때까지 이 마음을 놓을 수가 없다. 남자는 아내를 포함하여 다른 사람보다 더 나은 사람이 되고 싶어 한다. 또한 아내와 '적정한 거리를 유지하면서' 존경받기를 원한다. 남편과 딱 붙어서 모든 것을 나누고 하나 되기(oneness)를 추구하는 여자의 바람은 실현 불가능한 것이다. 여자는 '내가 아무리 노력해도 남편과 한마음이 될 수는 없구나'라는 사실을 인정해야 한다. 그러지 않으면 남편이 자기 마음 같지 않을 때마다 마음이 상해서, 자꾸 남편을 비난하고 바꾸려 한다. 비난하는 아내를 좋아할 남자는 없다. 악순환의 부부 관계가 시작되는 것이다.

사실 부부는 한마음이 될 수가 없다. 남자와 여자로서 차이가 있고, 성격 차이도 있고, 자라온 환경도 다르다. 팩트(fact)로만 보면 한마음이 '안' 되는 것이 자연스럽다. 서로 다른 사람들이 만나서 무엇이 다른지 알고 이해하는 과정이 남편 되어가기, 아내 되어가기다. 서로의 차이를 더 잘 이해할수록 더 좋은 남편, 더 좋은 아내가 되어간다.

결혼한 여자가 남편에게 기대하는 것

여자에게 최초의 남자는 아버지다. 그래서 여자가 남자의 행동을 평가하는 기준은 아버지의 행동일 때가 많다. 딸 입장에서 프레임 오브 레퍼런스(frame of reference · 어떤 행동을 평가할 때의 기준)가 아버지인 것이다. 아버지와의 관계가 좋았을 때는 아버지 같은 남자를 만나고 싶어 한다. 물론 반대인 경우에는 아버지와 정반대의 사람을 만나고 싶어 한다. 결혼 후 남편을 보며 '이 사람, 우리 아버지처럼 행동하네' 또는 '이 사람은 우리 아버지와 다르네' 하며 좋아하기도 하고 싫어하기도 한다. 대체로 아버지는 딸과의 관계에서 어려운 일을 많이 해결해준다. 예뻐하고 돈도 주고 선물도 사준다. 그런 아버지와 살다가 남편과 살면, 영 아버지와 다르다. 여자가 남편에게 아버지 같은 모습을 기대하다 보면 실망을 할 수밖에 없다.

아버지 같은 남편을 바라는 마음과 함께 여자에겐 아들 같은 남편을 바라는 마음도 있다. 말 잘 듣는 아들처럼 남편도 그렇게 해주기를 바란다. 장보기, 분리수거 등을 시키는 대로 다 해주기를 바란다. 아들은 엄마에게 받은 것이 많으니 엄마가 시키면 시키는 대로 한다. 하지만 남편은 아들처럼 받은 것이 없으니 아내에게 불만이 생긴다. 부부 사이가 좋을 때는 시키는 대로 해주지만, 그렇지 않을 때는 "내가 이 집 머슴이냐?", "내가 돈 버는 기계냐?"라며 말을 잘 안 듣는다. 아내가 자신을 종 부리듯 한다고 여긴다. 그러나 아내는 남편이 아들처럼 시키는 것을 잘 들어주면, 자신을 사랑한다고 생각한다.

이렇듯 여자는 남편에게 '존중하는 아버지'와 '말 잘 듣는 아들'이라는 두 가지 이미지를 원한다. 그래서 여자에게 이상적인 남편상은 '힘 있고 조곤조곤한 남편'이다. 여기에 모순이 있다. 조곤조곤한 사람은 잘 삐친다. 여자 입장에서는 조곤조곤한 남자는 좋지만, 삐치는 남자는 싫다. 좀생이 같다고 생각한다. 여자는 남편에게 아버지와 같이 힘이 있는, 권위 있는 모습을 기대한다. 그래서 삐친 남편에게 "꽁해 있느니 차라리 소리를 질러"라고 한다. 삐치는 것보다는 그나마 권위를 지켰던 아버지의 모습이 낫다고 생각한다. 그래서 결국은 조곤조곤하고 예민한 남자를 소리 지르는 남자로 만들어 산다. 이 과정은 본인도 의식하지 못한다. 무의식에서 진행되는 과정이기 때문이다.

여자에게 만족스러운 남편이 되려면 이렇듯 아버지 역할과 아들 역할이 둘 다 필요하다. 그래서 남자들은 역할 전환을 잘해야 한다. 잘 받아주고 조곤조곤 대해주면서도 시키면 시키는 대로 말 잘 듣는 그런 남자가 되어야 한다. 남편은 아버지와 아들, 두 남자가 되어야 한다.

결혼한 남자가 아내에게 기대하는 것

여자가 남편에게 아버지와 아들의 두 역할을 요구하듯, 남자도 '엄마 같은 아내'와 '딸 같은 아내'를 기대한다. 보통 딸은 아버지의 말을 잘 듣고, 애교도 잘 부리고, 행동도 귀엽게 한다. 남자는 아내가 딸처럼 그렇게 해주길 바란다. 말을 잘 듣는 딸은 아버지에게 도전하지 않는다. 아버지와 딸은 세대 차이가 있는 데다가 부모·자식이라는 격이 다른 관계이기 때문이다. 남자는 아내도 딸처럼 자신에게 도전하지 않기를 바란다. 그래야 자기가 마음 편히 살 수 있기 때문이다. 이런 남자의 마음은 파워(power) 지향적 속성에서 기인한다. 남자는 파워 지향적이기 때문에 상하가 분명한 관계라야 마음이 편안하다. 분명한 상하 관계에서는 격이 낮은 사람이 높은 사람에게 도전하는 일이 없다. 남자들이 자신에게 도전하는 사람과 목숨을 걸고 싸우는 이유도 이런 파워 지향성 때문이다. 남자의 이런 속성을 잘 이해한 여자가 딸처럼 굴면 남자는 아주 좋아한다.

그러나 남자는 지치고 힘들어지면, 아내가 엄마 같기를 바란다. 위로해주고 지지해주는 엄마 역할을 기대하는 것이다. 엄마는 아들에게 필요한 것을 공급하면서 마음도 만져준다. 엄마는 아들에게 영원한 안식처다. 결혼을 하면 그 안식처가 아내로 바뀐다. 그래서 남자는 현숙한 아내를 좋아한다. 현숙한 아내는 남편의 마음에 안식처를 제공한다. 여자는 기본적으로 모성애가 있기 때문에 남편과 사이가 좋으면 엄마처럼 해주고 싶어 한다. 더 잘 먹이고 싶고 따뜻하게 돌봐주고 싶다. 그러나 사이가 나쁠 때 남편이 밥을 달라고 하면 '하녀처럼 부려먹는다'고 생각한다.

남편이 아내에게 엄마와 딸 같은 역할만 원하면, 부부 관계는 급격히 나빠진다. '여자'가 실종되기 때문이다. 여자의 마음이 남편과의 관계에서 실종되는 것이다. 여자인 아내는 가끔 남편에게 심통을 부리고 싶기도 하고, 신경질을 내고 싶기도 하다. 아내는 남편에게 엄마가 되었다가 딸이 되었다가 여자가 되어야 남편과 잘 살 수 있다. 여자가 유연하고 성숙하지 않으면, 이런 여러 가지 역할을 수행하기 어렵다. 한 사람에게 두 사람, 세 사람 역할을 기대하니 부부가 같이 사는 게 기적이라고 할 수밖에.

03
배우자와
부모 사이

마마보이, 파파걸의 결혼 생활

결혼 생활을 잘하려면 여자는 아버지가 아닌 남편과, 남자는 엄마가 아닌 아내와 붙어야 한다. 부모와 붙으면 마마보이, 파파걸이 된다. 마마보이와 파파걸은 아내와 남편을 자신의 기준이 아닌 부모의 기준으로 보려고 한다. 이렇게 되면 부부와 아내의 아빠, 남편의 엄마 등 총 4명이 동시에 상호작용을 하는 셈이 되어 금방 끝날 부부싸움도 복잡하고 어려워진다.

남자나 여자나 결혼을 하면 부모에 대한 고마움은 고마움으로 두고 배우자에게 집중해야 한다. 결혼으로 새로 이룬 내 가정이 있고, 그전에 부모와 살던 원가족이 있다. 당연히 주인공은 내 가정이다. 원가족은 언제나 배경으로 작동해야 한다. 배경이란 어려운 일이 생길 때 힘이 되어주는 존재다. 남편과 아내의 원가족은 배경으로서 든든한 지원을 하는 중요한 자원이다. 그러나 비상시를 위한 자원을 평상시에도 수시로 꺼내어 휘두르면 부부 관계가 원만해지지 않는다. 배경을 배경으로 두는 태도는 성숙한 마음에서 비롯된다.

지난 책[01]에서도 얘기했는데, 원가족과 붙어서 현재 가정을 어렵게 만든 대표적인 사례를 소개한다. 내담자 중에 여자 박사가 있었다. 박사 공부 뒷바라지는 남편이 했다. 그런데도 친정엄마는 걸핏하면 남편에게 "자네, 박사 아내와 사는 걸 영광으로 알게나"라며 큰소리를 치곤 했다. 내담자도 엄마 편에 딱 붙어서 남편을 무시했다. 부부 사이는 소원해져, 결국 남편은 바람이 났다. 모녀는 "못난 놈, 거둬줬더니 고마운 줄도 모르고 감히 바람을 피워?"라며 분해했다. 상담을 통해 내담자는 친정엄마와 떨어져 남편에게 갔고, 남편도 아내에게 돌아왔다. 엄마와 붙은 아내, 엄마와 붙은 남편은 배우자를 멀어지게 만든다. 원가족과 떨어져야 하는 이유다.

여자의 경제적 능력이 향상되고, 사회적 지위가 높아짐에 따라 장모와 사위의 갈등(장서 갈등)이 가정 내 심각한 이슈가 될 정도로 분위기가 바뀌었지만, 여전히 남자보다는 여자가 결혼 생활에서 불리한 위치에 있는 것이 사실이다. 유교 문화의 영향 때문이다. 남자는 엄마와 아내 사이에 갈등이 생기면 '어머니는 한 분밖에 없지만, 아내는 또 얻을 수 있다'고 생각한다. 유교 문화권의 가정은 '부부' 중심이 아니라 '부모-자녀' 관계가 중심이 된다. 그중에서도 아버지와 아들이 중심이 된다. 삼강오륜에 아예 부자유친, 부부유별이 명시되어 있다. 이는 가문을 잇는 데는 도움이 되지만, 부부 생활에는 도움이 되지 않는다. 부부 관계는 부자 관계의 보조적인 관계일

01 김용태, 『가짜감정』, 덴스토리, 2014년

수밖에 없는 구조다. 그래서 얼마 전까지만 해도 여자가 시집을 가서 아들을 못 낳으면 하대를 당했다. 여자에게 아들은 자신을 여자로, 아내로, 사람으로 살도록 지켜주는 존재였다. 그러니 아들을 끔찍하게 여길 수밖에. 이렇게 키워진 남자의 머릿속은 '엄마 중심'이 된다.

문제는 결혼 후에도 남자가 자기 어머니를 중심으로 생각한다는 것이다. 이렇게 되면 '남편과 아내 중심'의 삶을 살기 어렵다. 실제로는 부부가 사는데, 시어머니가 끼어드는 형국이다. 남편과 아내 그리고 시어머니라는 삼각관계가 만들어지는 것이다. 이런 구조에서는 당연히 많은 갈등이 생긴다. 시어머니 입장에서 보면 아들을 며느리에게 뺏긴 것 같다. 아내 입장에서는 시어머니와 경쟁해서 남편을 빼앗아 와야 할 것 같다. 이런 시어머니와 아내의 마음은 모두 남편에게 분출된다. 샌드위치 신세가 된 남편은 부담감을 느끼고, 시어머니는 며느리가 괘씸하다. 아내는 남편에게 서운하고 섭섭하다. 이렇듯 고부 갈등은 어느 누구도 만족할 수 없는 삼각관계에서 비롯된다. 남편이 자기 부모로부터 온전하게 독립하지 못해서 발생하는 문제다.

시대가 바뀌었지만 유교 문화의 영향력은 여전히 살아 있다. 우리나라는 산업화 시대를 거치면서 "아들·딸 구별하지 말고 둘만 낳아 잘 기르자"고 외친 적이 있다. 그 덕분인지 남아 선호 사상은 많이 약해졌다. '부자 중심' 가족 구조가 '부모-자녀 중심' 가족 구조로 많이 바뀌었다. 그러나 여전히 부부 중심은 아니다. 대표적인 예가 '기러기 아빠'다. 자녀를 교육시키기 위해서 엄마는 아이들과 외국에 나가 있고, 아빠는 한국에서 돈을 벌어서 유학비를 보낸다. 부모-자녀 관계만 있고 부부 관계는 실종된 상태다.

미국이나 유럽에선 다르다. 부부가 가정의 중심이다. 건강한 가정이 되려면 부부가 친하고, 부모 자식 간에는 경계가 있어야 한다. 삼강오륜식으로 표현하자면, 부부유친(夫婦有親)과 부자유별(父子有別)해야 한다.

그런데 우리의 현실은 세대 간 경계는 허물어지고, 부부 관계는 실종되었다. 이를 바로잡아야 한다. 부모를 부모 되게 하고, 자녀를 자녀 되게 하는 노력이 '분화(differentiation)'다. 자녀가 성장을 하면 독립이 필요한데, 이는 새로운 관계를 만들기 위해 반드시 필요하다. 부모가 자녀의 삶을 지배하거나 통제하면 자녀는 새로운 관계를 만들기 어렵다. 남자나 여자나 모두 부모로부터 독립해서 자신이 좋아하는 남자와 여자와 새로운 가정을 만드는 일이 분화다. 새 술은 새 부대에 담아야 한다.

나는 기회가 있을 때마다 지나치게 헌신적인 부모를 둔 사람과의 결혼은 결코 바람직하지 않다는 이야기를 하곤 한다. 겉으로 보기에는 조건 없는 부모의 헌신이, 가까이서 들여다보면 자녀에 대한 일종의 조종이고 통제인 경우가 있기 때문이다. 자녀에게 잘해주면서 그 대가로 자신의 뜻대로 움직이기를 바라는 것이다. 때로는 미성숙한 부모가 자녀와 밀착된 상태로 살아가는 관계가 헌신으로 비치기도 한다. 이런 부모 중에는 "나는 너 하나 보고 살고 있다"라고 말을 하는 경우가 있는데, 이는 자녀를 자유롭게 하기보다 지배하고 통제하는 역할을 한다. 자식에게 몰입하는 사람일수록 자기 부모와의 관계가 좋지 않다.

선택할 수 없는 것을 선택하라는 부모

많은 사람이 데이트와 결혼을 낭만적으로만 생각하는 경향이 있다. 데이트를 한다는 것은 부모로부터 독립해가는 발달 과정이다. 데이트와 결혼을 할 때 중요한 발달 과업이 분화다. 발달 과업이란 그 시기에 하지 않으면 나중에 문제가 생기는 일이다. 청소년기에는 정체성을 형성하는 것, 청년기에는 가족이 아닌 타인과 친밀함을 형성하는 것이 발달 과업이다. 특히 이 시기에는 이성과의 친밀함을 형성하여 결혼에 이른다. 그러려면 부모로부터 분화되어야 한다. 분화는 부모로부터 독립적 존재가 되는 일로 심리적 독립을 의미한다. 부모와 자신을 동등한 인격체로 볼 수 있어야 한다. 누구보다도 서로의 아픔과 어려움을 돌보고 지지하고 도와주는 역할을 하면서, 융합된 인격체가 아니라 개별적인 인격체로 설 수 있어야 분화되었다고 할 수 있다.

강단과 상담실에서 분화하도록 가르치는 나도 요즘 딸 때문에 마음이 아플 때가 있다. 딸이 나와 먼저 약속을 해놓고선, 남자친구가 만나자고 하면 나와의 선약을 가볍게 깨기 때문이다. 1순위에서 밀려난 2순위의 슬픔을 느낀다. 섭섭한 마음이 계속 쌓여 딸에게 "아빠냐, 남자친구냐"를 선택하게 하고 싶기도 하다. 그러나 나는 이런 마음을 다스리고 있다. 이제 딸이 나로부터 분화를 해서 독립을 해야 할 시기이기 때문이다. 나는 딸의 배경으로 물러나 있어야 한다. 딸이 자신이 좋아하는 남자와 아름다운 관계를 만들어가는 과정을 지켜보는 재미에 만족해야 한다.

"아빠, 오늘은 아빠와 약속한 날이지만 남자친구를 꼭 만나야 할 일이 생겼어요. 약속 어겨서 미안한데, 오늘은 아빠가 양보해주세요."

딸이 아버지에게 이렇게 말을 할 수 있으면 분화가 이루어진 상태다. 아직 독립하지 못한 자녀는 이렇게 아버지를 달래주는 대화를 하기 어렵다. 부모의 서운함과 섭섭함을 자신에 대한 통제로 느끼면 부모에게 반발한다.

"그러냐? 무슨 일인지는 모르겠지만, 잘 해결해라."

아버지에게 양해를 구하는 딸에게 이처럼 대답하는 아버지도 배경으로 물러날 줄 아는 성숙한 아버지다. 그러나 배경으로 물러나지 못하고 "저것이 키워놨더니 아버지 알기를 뭣처럼 아네?" 하며 서운해하는 아버지도 많이 있다. 열등감이 있는 아버지는 "이제 컸다고 나를 무시하는구나. 마누라 복이 없으니 딸 복도 없지" 하면서 딸을 괘씸하게 여긴다. 부모는 섭섭하고 자녀는 반발하며 밀어내는 악순환이 시작된다. 드라마의 단골 소재가 되는, 결혼을 앞둔 엄마와 아들의 갈등은 이보다 훨씬 심각하고 첨예하게 벌어지는 경우가 많다.

분화가 되면 부모도 필요하고 애인도 필요하다. 자녀가 데이트를 시작하면 '아, 이제 뒤로 물러날 때가 됐구나!' 하고 물러나는 것이 성숙한 부모다. 이제부터는 애인이 리얼(real)이고 전경(foreground)이며 부모는 배경(background)이다. 성숙하지 못한 아버지나 어머니는 자녀에게서 물러나기 어렵다. 아니 물러나지 못한다. 부모와 사이가 좋은 사람 중에 결혼을 못 하는 사례들이 있는데, 부모가 배경으로 물러나지 않고 계속 전경에 있어서다.

아버지와 애인은 선택 사항이 아니다. 그걸 명확히 인식하고 있는 상담가인 나도 받아들이기 쉽지 않은데, 일반 사람들은 누가 가르쳐주는 것도 아니니 오죽할까. "나냐, 그놈이냐?", "나냐, 그 여자애냐?" 하며 선택하게 만드는 부모가 많은데, 선택할 수 없는 것을 선택하라고 강요당하는 자녀는 온전한 삶을 살기 어렵다.

그런데 많은 부모가 자신이 불가능한 것을 요구하고 있다는 사실조차 모른다. 이런 부모와 사는 자녀가 결혼을 하면 부모가 자신에게 했던 똑같은 실수를 배우자에게 하게 된다. 남편과 살면서 아버지와 사는 것처럼 살려고 한다든가, 아내와 살면서 엄마와 사는 것처럼 살고 싶어 하는 마음은 배우자에게 불가능한 일을 강요하는 것이다. 상대방을 존중하고 인정하면서 관계를 조정해나가는 것이 아니라, 상대방을 자신이 원하는 대로 조종하는 것이다.

한국 사회에서는 많은 부모가 자녀와 또는 자녀가 부모와 분화되지 못한 채로 살고 있다. 이 때문에 누군가는 어려움을 겪고 희생된다. 전통적인 가족에서는 여자가 희생되는 경우가 많아서 여자가 한이 많았다. 현대 가족에서는 남자가 어려움에 처하는 비율이 증가하고 있다. 누가 희생되든 분화되지 못해서 발생하는 비극이다. 물론 원가족과 분화가 잘되었다고 해도 부부는 갈등을 할 수밖에 없다. 남녀 간의 차이가 있고 성격이 다르기 때문이다. 그리고 서로 원하는 것이 그때그때 다르니 부부가 온전히 일치되어 살 수는 없다. 거기에 부모까지 더해지면 결혼 생활은 참 힘겨워진다.

신혼 판타지가 깨지는 이유

데이트를 할 때는 그렇게 서로 좋아하더니 신혼여행을 다녀오자마자,

관계가 삐거덕거리는 신혼부부가 많다. 데이트와 결혼에 대한 이해 부족 때문이다. 사랑은 환상에 의한 결합(판타지 유니언, fantasy union)이다. 로맨틱 러브는 언제나 현실이 아닌 환상을 기반으로 한 관계(판타지 릴레이션, fantasy relation)다. 판타지는 결핍에서 생긴다. 누구나 어린 시절 성장 배경 안에서 결핍을 느낀다. 부모의 사랑을 충분히 받지 못한 심리적인 결핍, 돈이 부족해서 경험한 생활의 결핍, 형제가 없어서 외로웠던 친밀함의 결핍 등이 생긴다. 부모도 인간인지라 다 해줄 수는 없기 때문이다.

살면서 갖지 못했던 것, 부족했던 것을 찾아서 사랑에 빠진다. 나만 바라봐주는 멋진 남자친구, 예쁜 여자친구는 나를 완전하고 온전하게 만들어주는 것 같다. 청춘 남녀가 사랑하는 사람을 만나면 마치 세상을 다 얻은 것처럼 행동하는 것은 바로 이 때문이다. 특히 현대 사회는 사랑에 빠진 남녀의 판타지를 시스템으로 잘 받쳐준다. 영화관, 놀이공원, 고급 레스토랑, 쇼핑센터, 멋진 직원들의 서빙 덕분에 데이트를 할 때는 판타지가 현실처럼 느껴진다. 그런데 결혼을 하면 이 시스템 일부가 없어진다. 리얼리티가 생긴다. 결혼하면 집에서 밥을 해 먹어야 하니 설거지가 생긴다. 청소도 해야 한다. 무엇보다 서로의 멋지고 예쁜 모습이 아닌 흐트러진 모습도 많이 보게 된다.

삶의 많은 부분은 일상(life)이지 판타지(fantasy)가 아니다. 그래서 결혼이라는 실생활에 들어오면 데이트 때 좋았던 판타지의 힘이 약해진다. 결핍 때문에 생겼던 판타지보다 그동안 내가 익숙하게 살아왔던 내 삶의 스타일이 훨씬 비중이 커지고, 상대에게도 그걸 요구하게 된다. 그래서 결혼하면 연애할 때와 다른 것이 요구되고 갈등이 생긴다. "결혼하니 변했다"는 얘기가 나오는 것이 바로 이런 이유다.

연애 시절, 은지 씨의 남자친구는 은지 씨의 모든 이야기에 귀를 기울여주면서 마음을 읽어주었다. 무엇을 하든지 은지 씨의 선택을 가장 중요하게 여겼다. 그 시절 은지 씨가 가장 좋아했던 데이트 장소는 고급스러운 프렌치 레스토랑이었다. 세련된 분위기에 품위 있는 음악이 흐르고, 종업원들이 멋진 매너로 서빙을 하는 곳이다. 그곳에 있으면 마치 드라마 주인공이 된 듯 더 이상 바랄 것 없이 행복했다.

그러나 결혼 후 모든 것이 바뀌었다. 중소기업에 취직한 남편은 집에 들어오면 밥 먹고 잠자기 바쁘다. 데이트할 때의 다정하고 세심했던 모습은 온데간데없어, '이 사람이 그 사람과 같은 사람인가' 싶을 정도다. 분위기를 바꿔보려고 음악을 틀어도 별 반응이 없다. 결혼 전 좋아했던 그 프렌치 레스토랑에 가서 기분을 내보려고 하면, 남편은 지금은 여유가 없다며 나중에 돈 벌어서 가자고 한다. 은지 씨는 공주님이 하녀가 된 것 같은 기분으로 우울한 신혼 생활을 하고 있다.

은지 씨의 우울함은 결혼 생활이라는 현실에 살면서 판타지를 좇는 데서 온다. 판타지가 충족되지 않으니 우울하고 화가 나는 것이다. 결혼을 하면 판타지를 이상이나 꿈으로 바꾸는 작업이 필요하다. 지금 가능한 것과 앞으로 가능한 것을 구체적으로 생각해서 현재 가능한 것은 지금 한다. 앞으로 가능한 것은 조건을 만들어 실천하도록 계획을 세운다. 예를 들어 "연애할 때는 여행도 자주 다니고 근사한 식당에서 식사를 했지만, 이제는 그렇게 할 수 없다. 조건이 될 때 그렇게 하자. 프렌치 레스토랑은 우리 두 사람의 생일에, 해외여행은 전세 자금을 다 갚은 후에 가자. 지금은 그 조건을 만들기 위해 노력하자" 이렇게 정해놓으면, 결혼 생활이 판타지와는 거리가 있어도 의미가 있기 때문에 견딜 수 있다. 이런 생각을 부부가 공유하면서 둘만의 세계를 만들어가는 과정이 판타지를 이상으로 바꾸는 노력이다.

판타지가 소망 또는 이상으로 바뀌면 결혼 생활, 즉 진짜 삶은 역동적으로 즐거워진다. 판타지를 이루기 위해 꿈을 꾸면서 살 수 있기 때문이다. 꿈이 있는 결혼 생활, 꿈이 있는 현실, 꿈이 있는 진짜 삶은 가슴을 뛰게 한다.

판타지는 결혼 후 1~3년이면 모두 깨진다. 왜 싸우는지 이해도 못 한 채 싸움에 휘말리게 되는 것이다. 많은 부부가 자신의 판타지를 유지하기 위해 서로 싸운다. 이 과정에서 서로 상처를 주고받는데, 이 상처가 치유되지 않으면 결혼 생활은 불행해진다. 여기에 위기의 사건이 더해지면 이혼으로 이어진다. 현실에 부딪혀 신혼에 판타지가 깨지는 것은 당연하다. 결혼 후 서로가 변했다며 싸우는데, 변하는 것은 당연하다. 이런 것만 알아도 부부싸움이 줄어들고, 신혼 이혼도 막을 수 있다.

2부에서는 서로 죽고 못 살 정도로 좋아해서 결혼을 했는데도 왜 부부싸움을 하게 되는지, 부부싸움은 꼭 나쁜 것인지, 부부싸움이 좋은 점이 있다면 무엇인지, 부부싸움에 관한 오해와 진실에 대해 살펴보겠다.

2부

잘 싸워야
잘 산다

01
부부싸움에 관한
오해와 진실

사이가 나쁠수록 많이 싸운다?

　부부는 안 싸울 수가 없다. 결혼 전 각자 20~30년 살아온 습성과 정체성, 가족 배경이 다르다. 남녀 차이도 있다. 그러니 갈등이 생기고, 내 것을 주장하다 보면 싸우는 게 당연하다.

　정서적으로 가까우면 가까울수록 부부싸움은 더 많아진다. 정서적으로 가깝다는 것은 기대가 많고 상대가 나를 예민하게 봐주기를 바란다는 얘기이기 때문이다. 나와 상관없는 사람에게는 기대가 없다. 서로 가까워야 아무 생각 없이 한 행동이나 말에 서로 "왜 그랬느냐?"고, "어떻게 그럴 수 있느냐?"고 묻기도 하고 항의도 한다. 사람은 주의를 끌고 싶을 때도 있지만, 자유롭고 싶을 때도 있다. 별 뜻 없이 한 말과 행동에 이렇게 일일이 반응하면 간섭으로 느껴지고 피곤해진다. 상대방의 일거수일투족이 관심 사항이니 싸움이 일어날 수밖에 없다. 가까우면서 갈등이 없기를 바라는 것은 불가능한 꿈이다.

직장 갈 때를 제외하곤 어디든 같이 가고, 무엇을 하든 함께하는 30대 잉꼬부부. 두 사람은 하루도 싸우지 않고 넘어가는 날이 없다. 함께 마트에 다녀온 저녁, 아내가 남편에게 따진다.

> 아내 | 당신 아까 마트에서 나한테 왜 그랬어? 계산할 때 내가 계산이 틀린 것 같아서 다시 계산해달라고 하니까 나한테 얼굴 찡그렸잖아.
>
> 남편 | 아, 그거? 우리 뒤에 줄이 길어서 빨리 끝내려고 그랬지.
>
> 아내 | 타임 세일하는 물건을 원래 가격으로 처리하는 것 같아서 확인해달라고 한 건데, 당신은 그것도 모르고 나한테만 뭐라고 했잖아.
>
> 남편 | 정확하게 계산했겠지.
>
> 아내 | 당신은 내 편이 아니야. 늘 남의 편이라니까.

이 부부는 친밀해서 싸운다. 친밀하니까 눈짓 하나 표정 하나에 예민하게 반응하고, 말을 하면서 께름칙함을 털어버리려고 하는 것이다. 사이가 좋지 않은 부부는 이 정도의 일을 화젯거리로 삼지는 않는다. 이미 더한 것들로 상처를 입었고, 대화로 풀 수 없는 상태이기 때문이다.

그러나 부부는 아무리 관계가 나빠져도 회복이 가능한 관계다. 예외는 있겠지만 부부에게는 기본적으로 서로 좋아하는 마음이 있고, 화목한 가정을 이루고 싶어 하는 소망이 있다. 아무리 심하게 싸웠더라도 이런 마음을 표현하고 드러내면 부부 관계는 회복된다. 선순환 부부는 이런 좋아하는 마음을 표현하고, 악순환 부부는 표현하지 않는다. 싸우되 싸움이 악순환으로 가지 않도록 하면, 부부싸움은 서로를 알고 성숙하게 하는 좋은 계기가 된다.

신혼부부는 왜 안 싸울까?

종종 "우리는 한 번도 싸운 적이 없다"라고 얘기하는 부부가 있다. 여기서 말하는 싸움이란 큰 소리를 내는 싸움은 물론이고, 너무 작은 일 같아서 그냥 넘어가지만 기분이 상하는 것까지 포함한다. 부부 관계는 사소해 보이는 일들이 결정한다. 사소하게 기분 상하는 일들이 모여서 부부 사이의 거리를 만들고, 마음이 닫히게 된다. 부부가 싸우지 않는 경우는 다음 세 가지 중 하나다.

1. 신혼일 때

이때는 싸워야 하는지 아닌지 몰라서 못 싸운다. 싸워야 할지 말아야 할지 확신이 서지 않을 때는 싸움을 못 한다. 눈에 콩깍지가 씌어 있는 상태라 싸우지 않고도 넘어가진다. 그러나 어색하고 이상한 느낌을 가진 상태로 살게 된다.

결혼한 지 한 달 된 새내기 부부. 신혼집인 빌라가 너무 춥다며 아내가 이번 겨울만 친정에 들어가서 지내자고 한다.

아내 | 자기, 우리 집 너무 춥다. 도저히 못 살겠어.

남편 | 그래. 집이 뭔가 문제가 있는 거 같긴 해. 너무 춥다.

아내 | 여기서 지내다간 병날 거 같아. 나 추위 많이 타는 거 알잖아. 이번 겨울만 우리 집에 들어가서 지내면 어떨까. 직장 다니면서 살림도 해야 하는데 엄두가 안 나.

남편 | 장인어른, 장모님께 죄송해서 어떻게 그렇게 해?

아내 | 우리 엄마 아빠는 문제없어. 나 결혼하고 나서 두 분이 얼마나 외로워하시는데. 내가 간다고 하면 좋아하실 거야. 자기 부모님께만 허락받으면 돼.

남편은 처가살이가 내키지는 않지만, 전셋집 얻을 돈이 부족해서 생긴 일인 것 같아 뭐라 말하기가 어렵다. 지방에 계신 부모님께 말씀드리기도 불편하지만, 그렇다고 딱히 아내 말이 틀린 것 같지도 않다.

다음 날 저녁. 아내가 환한 얼굴로 남편을 맞는다.

아내 | 어서 와. 내가 요리 실력 좀 발휘해봤어. 그리고 오늘 엄마한테 전화했는데 추운 집에서 살면 골병든다고 와서 지내라고 하셔. 자긴 부모님께 연락했어?

남편 | 그래? 나는 아직 말 못 했는데······.

아내 | 왜? 나는 이번 주말에 당장 필요한 거만 챙겨서 엄마 집으로 들어가고 싶단 말이야.

남편 | 그래, 엄마하고 얘기해볼게.

남편은 아내의 말이 강요로 느껴져 부담스러우면서도 이렇게 대답한다.

아내 | 우리 집으로 들어가면 자기 밥도 훨씬 더 잘 챙겨 먹고, 회사도 가깝고, 좋은 게 더 많을 거야.

남편 | 그래도 집에 얘기하기가 영 꺼려지는데……

아내 | 날 위해서 그 정도도 못 해줘?

남편 | 아 그래, 그래. 알았어. 엄마한테 잘 말씀드려볼게. 대신 겨울만 지내고 나오는 거다.

아내 | 당연하지. 내가 계속 있자 그럴까 봐? 걱정 마. 자기, 고마워.

남편은 그렇게 하고 싶지 않지만 아내가 간절히 원하니 처갓집으로 들어가기로 했다. 부모님은 그러라고는 하셨지만 탐탁지 않은 눈치였다. 이 래저래 남편은 영 찜찜하다. 아내가 자신을 존중하지 않는 것 같고, 다른 사람들 특히 장인어른과 장모님께 체면이 안 서는 것 같다. 이런 느낌은 지금 당장은 신혼이라 별 문제 없이 넘어갈 수 있다. 그러나 이 문제는 앞으로 부부 관계가 안 좋아지면 갈등 요소로 등장할 가능성이 매우 높다.

신혼은 두 사람이 현실에 제대로 적응하지 못한 채로 사는 시기다. 판타지와 현실이 뒤섞여 어떤 것이 현실이고, 어떤 것이 판타지인지 구별이 잘 되지 않기 때문에 다투어야 할 것과 다투지 말아야 할 것의 구별이 되지 않는다. 이런 마음 때문에 싸워야 할 문제를 제대로 알아채지 못하는 경우가 허다하다.

2. 정서적으로 멀어졌을 때

부부는 둘 사이의 정서적 거리를 조정할 때까지 많이 싸우다가 일단 조정이 되면 안 싸운다. 상대방이 어떤 부분을 건드리면 삐치는지, 성질을 내는지 알게 되면 건드리지 않게 된다. 건드리지 않는다는 것은 상대방에 대한 기대를 접고 각자의 스타일에 맞게 편안해졌다는 얘기다. 결국 정서적으로 멀어졌다는 의미다. 아무리 상대방을 이해한다 해도 정서적으로 가까우면 조그마한 변화에도 서로 영향을 받고 갈등하기 마련이다.

서로에 대한 기대가 높고 정서적인 거리가 가까우면 부부는 신체적으로 밀착하고 싶어 한다. 가깝다고 할 때는 인지적인 생각과 정서적인 느낌, 신체적인 접촉이 한꺼번에 일어난다.

남편의 퇴직 후 빵집을 운영하고 있는 중년 부부. 두 사람은 함께 있는 시간이 많은데도 싸우질 않는다. 같은 건물 상인 친목 모임에서 아내와 옆가게 주인이 나누는 대화다.

"두 분은 금슬이 아주 좋은가 봐요. 종일 같이 일하면 싸울 때도 있을 텐데 전혀 그러질 않는 것 같아요."

"네, 우리들은 옛날에 싸움 끝냈어요. 이젠 서로 뭘 건드리면 싫어하는지 아니까 안 건드려요."

"아유, 우리는 엄청 싸우는데 부럽네요."

"나이 먹어서 싸울 기운도 없어요."

"에이, 무슨 말씀을요."

"남편은 남편대로 저는 저대로 각자 놀아요. 이이는 친구들 만나고 저는 집에 가거든요."

"부부가 같이 안 가고요?"

"저는 집안일 해야죠. 남편은 친구들 만나서 술 한잔 하고 들어오고요."

이 부부는 종일 같이 지내지만 정서적으로는 멀어져 있다. 각각 자기 취향대로 산다. 물론 서로 일을 하면서 협력한다. 그러나 두 사람만의 독특한 관계나 특징은 없다. 동업자라고 해도 무리가 없을 정도의 관계다. 정서적으로는 서로를 건드리지 않으면서 일만 하며 사는 일 중심의 부부 관계를 맺고 있다.

3. 실제로는 싸우면서 겉으로는 안 싸우는 척할 때

싸움은 말로 할 때가 많지만 말없이 싸우기도 한다. 소리 없는 싸움을 냉전이라고 한다. 조용하고 평안한 것 같은데, 무언의 싸움이 치열한 상태다. 수면 위는 잔잔한데 물밑으로는 스파이를 보내고 연합군을 만든다. 겉으로 드러나는 싸움이 없기 때문에 싸우지 않는다고 말할 수도 있다.

각방을 쓰고 있는 40대 부부. 아내는 안방, 남편은 서재에 침대를 놓고 지낸다. 남편은 더위를 못 참고 아내는 추위를 못 참는다는 것이 공식적인 이유지만, 실제로는 같은 공간에 있는 게 불편하기 때문이다. 식탁에서 식사도 같이 하고 집안일이며 아들 일을 상의하니 겉으로는 싸우지 않는 것 같다.

주말 안방

아들에게 아내가 물어본다.

"아빠 뭐 하시니?"

"나가려고 준비하시는 것 같아요."

"어디 가시는데?

"잘 모르겠어요."

"아빠 기분이 어떤 거 같아?"

"그냥 보통인 것 같은데요, 왜요?

"아빠 어디 가시는지, 네가 궁금한 것처럼 물어보고 와. 엄마가 시켰다고 하지 말고."

"네."

서재

"아빠, 어디 나가세요?"

"왜? 엄마가 물어보라 그러시던? 어른이 하는 일에 무슨 신경 써. 너는 네 할 일이나 잘해."

"에이, 어디 가시는데요?

"친구 만나러 간다. 엄마는 뭐 하시니?"

"엄마는 고모하고 통화해요."

"무슨 통화?"

"할머니 생신 얘기하시는 것 같던데요."

"그래? 아빠 나갔다 온다."

"네. 안녕히 다녀오세요."

다음 날 저녁 식탁

"이번 어머니 생신 모임 장소는 고모네가 예약하기로 했어요."

"응. 알았어."

아내가 남편을 보며 말을 하지만, 남편은 아내 얼굴을 보는 대신 식탁에만
눈길을 준다.

"고모네가 예약하면 좋은 데 가겠네. 신난다!"

아들이 소리치며 좋아한다.

"돌아가면서 하는 거니까 이번이 고모 순서라고 알려줬어요. 어머니 선물
생각나는 거 있어요?"

"당신이 알아서 해."

"할머니는 돈을 드리면 좋아하시던데?"

아들이 끼어든다.

"이 녀석이! 할머니가 언제 그러셨어?"

남편은 식탁에 앉은 후 처음으로 웃는다. 업무 미팅 같은 대화에 아들
이 끼어들면서 겨우 가족 같다. 이 부부는 지금 소리 없는 전쟁 중이다. 겉
으로는 별일 없이 사는 것 같지만 서로를 못마땅해하고 좋아하지 않는다.
그래서 직접적 관계보다는 간접적 관계를 하고 있다. 아들이 엄마와 아빠
를 연결하고 이어주는 구원자 같은 역할을 한다. 아들은 나중에 심리적으
로 문제를 보일 가능성이 높다. 너무 일찍 부모의 관계를 조정하면서 살
고 있기 때문이다. 아이는 아이다워야 하는데 이미 어른처럼 살고 있다.
이런 아이를 '부모화 아이'라고 한다. 애어른이라는 뜻이다. 이 아이는 성
장하면 '성인아이'가 된다. 성인아이는 부부 관계에서 많은 문제를 일으킨
다. 이 부부는 아들을 정서적으로, 심리적으로 희생시켜가면서 자신들의
부부 관계를 겨우 유지하고 있다. 그런데도 마치 아무 일 없다는 듯 산다.

부부싸움은 안 하는 게 최선이다?

부부는 싸움을 하면서 전혀 모르던 서로의 마음을 알게 되는 경우가 많다. 평소에는 갈등을 회피하려고 쌓아두었던 불만이 싸울 때 드러나기 때문이다. 부부싸움의 긍정적 기능이기도 하다.

부부싸움에는 여러 기능이 있다. 나를 표현하고 내 마음을 알아달라고 싸우기도 하고, 자기의 생각과 호불호를 주장하기 위해 싸울 때도 있다. 서로 자신의 판타지를 유지하기 위해 자신과 싸워야 할 문제를 배우자 탓으로 돌리며 싸우기도 한다.

1. 나를 표현하기 위해

부부싸움에는 자기 자신을 표현하는 기능이 있다. 말을 하지 않으면 우리는 서로 어떤 생각을 하고 있는지 알 수 없다. 오죽하면 '말 안 하면 귀신도 모른다'는 속담이 있을까. 부부 사이가 좋을 때는 대화를 통해 자신을 표현하지만, 그렇지 않을 때는 싸움을 통해 자기 마음을 표현하게 된다.

보통 심기가 불편할 때는 주변이 온통 마음에 들지 않는다. 그래서 가만히 있는 사람에게 불평을 하거나 "당신 왜 그래?"라며 시비를 건다. 이럴 때 배우자가 '아, 이 사람이 속상한 일이 있었나 보네'라고 생각하면서 "당신 무슨 일 있어?"라고 마음을 읽어주면 싸움이 안 된다. 내 마음을 알아주니 고마워서, 불편한 감정이 많이 가라앉는다. "응, 오늘 이런저런 일이 있었어"라거나 "아니, 뭐 별일 아닌데 약간 날카로웠나 봐" 등의 대화가 진행될 수 있다.

그런데 심기가 불편해서 "당신 왜 그래?"라고 하니 배우자가 "왜?", "내가 뭐, 어때서?"라고 발끈하면 악순환으로 간다. 보통 지적이나 공격을 받게 되면, 상대의 마음을 헤아리기보다는 본능적으로 자기방어부터 하게 된다.

남편과 마트에 다녀와서 기분이 영 다운된 아내. 빡빡한 살림살이에 사고 싶은 것들을 제대로 사지 못하고 돌아와 마음이 좋지 않다. 남편은 그런 마음을 아는지 모르는지 넋을 놓고 TV만 보고 있다. 답답한 마음에 크게 한숨을 쉬니 남편이 힐끔 쳐다본다. 아내가 입을 열었다.

"당신 왜 그래?"

"내가 뭐?"

"왜 사람을 삐딱하게 쳐다봐?"

"당신이야말로 삐딱하게 왜 그래? 난 그냥 쳐다봤을 뿐이라고."

아내는 심기가 불편해서 그걸 표현하려고 시비를 건 것이다. 그런데 남편이 아내 마음을 읽어주기는커녕 자기더러 삐딱하다고 하니 기분이 더 언짢아진다. 아내는 다시 시비를 건다.

"당신이 힐끔힐끔 쳐다봤잖아."

남편은 억울하다.

"아니라니까. 그리고 내 눈 가지고 내 마음대로도 못 해?"

"거봐, 째려본 거잖아."

남편은 아내에게 "도대체 왜 걸핏하면 시비야?" 하고 묻는다.

부부 관계가 선순환으로 가려면 대화를 할 때 '네가 어떻다'고 하지 말고, '내가 이렇다'고 해야 한다. "당신은 왜 그래?"라고 지적하는 대신, "내가 오늘 기분이 별로 안 좋아"라고 말하면 관계가 훨씬 부드러워진다. 이렇게 자신의 입장에서 자신의 마음을 표현하는 'I-Message'로 대화를 하면, 시비를 걸거나 공격을 하지 않고도 나를 표현할 수 있다.

2. '나 여기 있어, 나 좀 알아봐줘'

"당신이 째려봤잖아"라는 말에는 내가 표현하고 싶은 것이 있다. 째려보지 말라는 얘기도 있지만, 상대방으로부터 대접받고 싶은 마음도 있다. '나를 존중하고 부드럽게 대해주고 어색하게 하지 말아달라'는 마음이다. 이와 함께 '불편한 내 심기도 알아주길 바라는 마음'이 있다. 우리는 평소에 서로를 잘 알아주지 못한다. 잘해줘도 알아줄까 말까다. 그런데 "왜 째려봐?"라고 상대방을 지적하면서 나를 알아주기를 바라니, 얼마나 어리석은가. 물론 대부분은 습관적으로, 무의식적으로 하는 행동이다.

부부싸움은 이렇게 되면, 처음에 말하려고 했던 주제는 어느새 실종된 채 누가 옳은지 그른지를 따지다가 "왜 그렇게 말하느냐"로, 누가 더 상대의 마음을 아프게 할지 내기를 하듯 진행된다. 그 싸움에서 이긴들 상처뿐인 영광이 되고, 진 사람은 복수의 칼날을 간다. 이런 악순환의 고리를 끊는 방법은 알고 보면 간단하다. 상대방의 까칠한 말에 방어로 반응하지 않고, 그 말에 담긴 마음을 읽어주면 된다. 아내가 "왜 째려봐?" 하면 남편은 "어, 그렇게 보였어? 당신 지금 기분 안 좋은 거야?"라고 말하면 좋다. 이렇게 마음을 알아주면 불편했던 마음이 풀어진다. 환상적인 반응이다. 이런 반응을 원해서 시비를 걸고 공격을 한다.

3. 판타지를 유지하기 위해

사람은 자신이 원하는 것을 마음속에 간직하게 되는데, 이러한 마음 중하나가 판타지다. 판타지를 유지하기 위해 부부싸움도 한다. 집 안의 가구를 어디다 둘 것인가, 화분을 어디다 둘 것인가를 놓고 싸우면 괜찮다. 가구 놓는 걸로 싸우다가 "왜 내 말을 안 듣고 날 무시하느냐?"가 되면 작은 싸움이 작게 끝나지 않는다. 가구나 꽃을 놓는 자리에 '나'가 붙으면 싸움만 있고 해결은 없다.

34세에 결혼하여 10년이 지난 지금도 신혼처럼 지내는 소영 씨. 신혼 때 찻잔 세트를 사러 갔다가 큰 싸움을 한 적이 있다. 살림을 다 갖춰놓고 시작한 것이 아니어서 그릇이 모자랐는데, 특히 찻잔 세트가 없어서 불편했다. 남편과 백화점에 가서 마음에 드는 찻잔 세트를 발견해 사려는데, "비싼 물건을 산다"며 남편이 사지 못하게 했다. 예쁜 찻잔은 소영 씨에게 예쁜 가정을 이루는 여자라는 이미지를 주는 물건이었다. '예쁜 가정을 이루는 여자'가 소영 씨의 판타지였다. 소영 씨는 남편이 그 이미지를 깨는 사람같이 느껴졌다. 남편은 자기네 형편에 찻잔 세트가 너무 비싸다고 여겨 사지 않기를 바랐다. 남편은 신혼에 그런 얘기를 하자니 자존심이 상해 아내를 '쓸모없는 물건을 사는 사람'으로 만들었다.

찻잔 세트가 왜 쓸모가 있는지 소영 씨가 설명하면 할수록 남편은 더 완강하게 "무조건 사지 마라"고 했다. 공방이 오가며 서로 마음이 상했다. 그때 소영 씨는 '이 사람이 찻잔 세트 하나 내 마음대로 사지 못하게 하는구나. 이렇게 쪼잔한 사람이라면 앞으로 어떻게 살 수 있을까?' 싶어 정말 심각하게 헤어져야 하나 고민을 했다.

남편에게는 '남편은 아내가 원하는 것을 사줄 수 있어야 한다. 그래야 멋진 남편이다. 그러지 않으면 못난 사람이다'라는 생각이 있었다. '멋진 남편'이 남편의 판타지였다. 남편은 자기가 한 말을 끝까지 철회하지 않으면서 아내에게 자기 의사를 강요했다. 이런 싸움은 작은 싸움이어도 작은 싸움이 아니다. 서로에게 찻잔 세트가 상징하는 것이 무엇인지 얘기를 해봐야 본인들이 왜 그렇게 찻잔 세트에 목숨을 걸며 싸웠는지 알게 되고 서로를 이해하게 된다.

02
싸울 수밖에
없는 이유, '오해'

남녀 차이인데 "당신이 틀렸어"

이혼하는 부부가 가장 많이 언급하는 이유는 성격 차이다. '성격 차이'에는 여러 영역이 포함되어 있는데, 그중 상당 부분은 '남녀 차이'다. 남자이고 여자여서 서로 다른 것뿐인데, '네가 잘못해서, 네 성격이 나빠서'라며 오해하고 싸운다.

한 사람이 성장해온 원가족, 그 가족이 속해 있는 사회, 그 사회를 둘러싼 문화는 그 사람의 배경이 된다. 이를 '사회문화적 차이'라고 한다. 사회문화적 차이는 성장하면서 발생된다. 그러나 남녀 차이는 태어날 때부터 본질적이면서 근본적이다. 남자와 여자는 태어날 때부터 다르게 태어나, 남자로 살고 여자로 산다. 그 차이는 싸워서 해결되지 않는다.

연구 결과에 의하면 사회문화적 차이는 갈등과 정비례하는 것으로 나타났다. 즉 차이가 커지면 갈등도 커지고, 차이가 줄어들면 갈등도 줄어든다. 예를 들어, 영어와 한국어를 각각 모국어로 사용하는 부부는 상대방의 언어를 이해하려고 노력하느라 다른 중요한 것을 놓치면서 살게 된다. 가사 분담 등의 일상적인 주제에 대해 의논하다가 서로 제대로 의사 표현을 못 하면 갈등이 엉뚱한 방향으로 비화할 수도 있다. 같은 언어를 쓰는 부부도 서로 통역이 필요할 때가 많은데, 하물며 다른 언어를 사용하는 부부의 관계는 더 많은 노력을 기울여야 좋아질 수 있다.

이처럼 사회문화적 차이를 수용하고 이해하려면 노력이 필요하다. 그런데 남녀 차이는 그보다 더하다. 남자와 여자는 '인간으로서는' 서로 동일하다. 남자라서 여자라서 차별이 있어서는 안 되고, 인간으로서 평등한 대우를 받아야 한다. 이러한 평등을 '동일 모델'이라고 한다. 그러나 남자와 여자는 '남녀로서는' 서로 다르다. 생물학적 구조가 다르고, 마음의 방향이 다르며, 삶을 바라보는 시각이 다르다. 이렇게 다른 남녀를 똑같이 취급하면, 오히려 공정하지 못한 것이다. 다르면 다르게 대해주어야 한다. 이를 '공정 모델'이라 한다. 동일 모델과 공정 모델을 합하면 '공평 모델'이 된다.[02]

남자와 여자는 인간으로서 같기 때문에 평등한 대우가 필요하고, 남자와 여자로는 서로 다르기 때문에 공정하게 대우해주어야 한다. 남자는 남자에 맞는 방식의 관계가 필요하고, 여자는 여자에게 맞는 방식의 관계가 필요하다.

따라서 부부는 인간으로서의 평등함을 바탕으로 '남녀 차이'를 서로 배

---

02 서울대학교 교육학과 대학원 재학 당시 필자는 이돈희 교수에게 '공정과 평등'에 대해 배웠다.

려해야 한다. 남자는 어떤 존재인지, 여자는 어떤 존재인지 서로 이해할수록 갈등은 줄어든다. 물론 그런 노력을 하지 않으면 갈등이 생길 수밖에 없다. 서로 다른 것을 틀렸다고 하고, 이해하지 못하는 것을 "너 이상하다"고 하거나 한발 더 나아가 "사람도 아니다"라며 싸우게 된다. 여자나 남자나 서로의 여성성, 남성성에 대한 기초지식이 없기 때문에 이런일이 벌어진다.

부부가 대화를 하다가 의견이 다르면 "너는 왜 나와 생각이 틀려?"라고 한다. 다르다가 아니라 틀렸다고 한다. 우리나라 부부들이 자주 하는말 가운데 "내 말이 맞는다니까. 누가 맞는지 길 가는 사람 잡고 물어보자"라는 말이 있다. 서로 자기가 맞는다고 주장하다 결론이 안 나니까 길가는 사람에게까지 자기가 맞는다는 것을 판정받고 싶어 한다. 거기다 우리나라에는 '우리가 남이가?'라는 주제가 있다. '부부는 하나'라고 생각하는 문화가 있다. 너무나도 다른 남자와 여자의 차이를 이런 특수한 문화가 덮어버린다. 사회문화 차이와 남녀 차이처럼 서로 다른 것이 섞이니까부부는 자신들이 왜 이렇게 갈등하는지 이유도 모르고 싸울 때가 많다. 원인을 잘 모르니, 해소도 못 한다. 해소되지 않은 채 끝없는 싸움을 한다.

성격 차이인데 "당신 덜떨어졌어"

부부는 남녀 차이뿐만 아니라 성격 유형의 차이도 있다. 논리적이고 객관적인 이성형과 감정과 느낌을 중시하는 감정형은 같은 상황을 판단하는 기준이 서로 다르다.

늘 자신을 멍청하다고 구박하는 남편에 눌려 15년째 살고 있는 미현 씨. "나는 마트에 가면 필요한 물품들은 웬만하면 다 카트에 담는데, 남편은 그램당 가격까지 비교해서 사라고 해요. 그런 말을 들으면 머리가 지끈지끈 아프고 제 자신이 붕괴되는 느낌이 듭니다. 남편이 늘 나보다 자기가 똑똑하다고 하는데, 자신이 다른 사람과의 관계에서 얼마나 눈치 없이 행동하는지는 모른다니까요"라고 했다. 남편은 이성형, 미현 씨는 감정형이다. 남편은 체계적인 사람, 시스템적인 사람이다. 이성형은 머리를 많이 쓰기 때문에 아무래도 정서는 덜 쓴다. 그래서 상대방이 뭘 느끼는지 잘 모른다. 자신은 객관적이고 합리적으로 표현한다고 생각하기 때문에 이런 말이 상대를 얼마나 힘들게 하는지 잘 모른다.

한편 미현 씨는 정서적인 직관을 사용할 때가 많다. 맛있어 보이는 과일, 꼭 필요하다고 느껴지는 생필품, 이러한 물건들을 통해서 전달되는 행복감을 잘 안다. 미현 씨는 얼마나 합리적으로 소비를 할 것인가보다는 가족과 자신이 얼마나 더 행복해질 것인지를 염두에 두고 마트에 간다. 이러한 차이는 성향 차이다. 이성형은 성숙해지지 않으면 감정적 영역에서 약점을 보인다. 마찬가지로 감정형은 성숙해지지 않으면 이성적 영역에서 약점을 노출한다. 따라서 이 두 유형에는 '똑똑함'이라는 잣대를 댈 수 없다. 서로 똑똑한 영역이 다르기 때문이다. 이성형은 합리적이고 논리적인 사고를 하는 영역에서 똑똑하고, 감정형은 정서적이고 감성적인 영역에서 똑똑하다. 부부가 서로 다른 영역에서 똑똑할 때 서로 보완해주면 선순환 관계가 유지된다. 비난을 하면 악순환 관계가 된다.

악순환의 예 중 하나가 무시하는 행동이다. 합리적이고 논리적인 이성형 남편이 감정형 아내에게 "멍청하다"고 비난하거나, 직관과 사람이 더 중요한 감정형 아내가 이성형 남편에게 "센스가 없다"고 비난을 하면 부부싸움이 된다. 자신이 잘하는 것으로 상대방을 비난하고 공격하면 어떤 관계도 좋아지기 어렵다. 이렇게 자신이 가진 것만을 중요하게 여기는 '자기애적 성향'이 강한 사람들은 다른 사람을 무시하는데, 이는 어리석음을 드러내는 것이다. 부부는 대체로 서로 심리적 성숙도가 비슷하다. '내가 어떻게 저런 덜떨어진 인간을 만났지?'라고 생각하는 사람은 대체로 자기가 덜떨어진 사람이다. 자신의 모자라고 부족한 면을 상대방을 통해 채워 보려고 했는데, 그렇게 되지 않으면 상대방을 비난한다.

논리적이고 이성적인 사람들은 정서적인 지지가 많이 필요하다. 이성형인 남편은 그런 격려를 받기 위해 발랄하고 감정이 풍부한 아내를 만난다. 그런데 살다 보니 아내가 합리적이기보다는 감정에 치우친 결정을 내린다. 이에 남편은 못마땅한 마음이 들면서 아내가 덜떨어졌다고 생각한다. 자기 기준으로 상대방을 판단하는 것이다.

감정형 사람들에게는 적절한 인내가 필요하다. 이성이 작동하기 전에 느낌과 감정이 먼저 솟아나기 마련인데, 이때 감정과 느낌을 이성적으로 조절해야 한다. 미현 씨는 결혼 전, 자신과는 다른 남편의 이성적인 면이 좋았다. 그러나 막상 결혼을 해보니 남편과 느낌이 영 통하지 않았다. 같은 느낌을 나누고 싶어 표현을 하면 남편은 이를 인식조차 못 하는 경우가 있는데, 그럴 때마다 미현 씨는 '센스 없고 덜떨어진 인간'이라며 남편을 무시한다. 이렇듯 많은 부부들이 "나는 이런 것이 좀 부족해"라며 자신의 단점을 말하고 교류하기보다 "당신은 왜 그래?"라며 상대방의 덜떨어진 부분을 지적한다. 자신의 부족한 부분을 드러내는 것은 부끄럽고 창피하기 때문에 감추고 싶어 한다. 서로의 타고난 유형의 차이를 비난하면서 지적하기 때문에 관계는 악순환이 될 수밖에 없다.

원가족 차이인데 "이상한 사람이야"

시끌벅적한 집에서 자란 사람들은 대체로 조용한 삶에 대한 판타지가 있다. 이런 사람들은 조용하고 고상한 사람을 만나면 사랑에 빠지기 쉽다. 반면에 너무 조용하다 못해서 적막하고 외로운 느낌이 드는 집에서 자란 사람들은 대체로 사람 냄새가 나는 복작거리는 분위기를 좋아한다. 이런 사람들은 활기찬 사람을 만나면 사랑에 빠지기 쉽다.

이렇게 서로 반대 유형의 집안에서 자란 사람들끼리 만나면 '천생연분'이라며 좋아하면서 결혼한다. 그런데 결혼 후 이런 판타지가 어느 정도 충족되거나 깨지면 자신이 살아온 삶의 모습을 가지고 상대방을 판단하기 시작한다. 시끌벅적한 집에서 자란 사람은 배우자가 가만히 있으면 우울해 보이고, 이상한 사람처럼 느껴진다. 그래서 "저런 사람 처음 봤다"라고 한다. 반대로 조용한 집에서 자란 사람은 시끌벅적한 사람이 천박하고 교양이 없으며 시끄럽게 느껴진다. 둘 다 자신이 살아온 삶에서 보면 자연스러운 생각이다.

따뜻한 아랫목에 묻어둔 뚜껑 덮인 밥에서 어머니의 사랑을 느꼈던 남편이 있다. 그는 김이 모락모락 나는 밥을 좋아했다. 그런데 결혼을 해보니 아내는 밥공기 뚜껑을 덮지 않는다. 밥공기 뚜껑과 관련해 남편 마음에는 여러 생각과 느낌이 있다. 밥뚜껑을 덮어야 보온이 된다, 밥뚜껑을 덮지 않으면 먼지가 들어간다, 밥뚜껑을 덮으면 밥이 마르지 않고 촉촉하다. 밥뚜껑을 열었을 때 모락모락 나는 김 속에서 어머니의 사랑을 느낀다. 남편이 밥뚜껑과 관련해 느끼는 마음이다. 밥뚜껑과 관련된 판타지다. 아내가 계속 밥뚜껑을 덮지 않으면, '이 사람은 나를 배려하지 않는구나'라는 생각이 들었다가 '이 사람이 나를 사랑하지 않는구나'라는 생각에까지 이르게 된다.

우리가 일상에서 흔히 접하는 것에는 삶의 배경, 그 배경과 관련된 마음이 담겨 있다. 그래서 이런 삶의 소소한 것들을 매개체로 삼아 대화를 하면 마음을 나눌 수 있다. 서로를 알아가는 데 도움이 되면서, 관계가 좋아진다. 서로가 더 잘 이해되면서 마음 깊은 곳에서 사랑이 생긴다. 그런데 대부분 이런 마음을 나누기보다는 "내가 밥뚜껑을 덮으라고 했잖아! 지난번에도 말했는데 여전히 그러네? 내 말을 귓등으로도 안 듣고, 나를 무시하는 거야!"라고 소리를 지르거나 화를 낸다. 이러면 관계는 급속도로 나빠진다. 이런 말을 들은 아내는 "아니, 밥뚜껑 하나 가지고 왜 저렇게 잔소리를 해. 정말 이상한 사람이야"라고 방어한다. 서로 억울해하면서 관계가 틀어지게 된다. 아내가 밥뚜껑과 관련된 말을 들어주지 않으면, 남편은 자신의 역사와 마음이 사라지면서 존중받지 못하는 마음이 든다. 아내 입장에서는 남편이 좀스러운 사람처럼 느껴진다. 이렇게 해결되지 않은 인생의 사건과 마음이 부딪치는 주제를 '끝나지 않은 일(unfinished business)'이라고 한다.

판타지는 대체로 결혼 전 원가족 안에서 생긴다. 문제는 결혼을 해서 환경이 달라졌는데, 이런 판타지를 여전히 유지하려고 할 때 발생한다. 판타지를 유지하려고 하면 갈등이 커진다. 판타지가 깨질 것 같으면 깨지 않으려고 화를 낸다. 화는 판타지를 지키려는 방어감정이다. '이것이 판타지구나'라고 깨달으면 가슴이 아프다. 남편이 밥뚜껑은 뚜껑일 뿐 거기에 사랑을 담은 것이 자신만의 판타지임을 깨닫는 순간, 아내의 말이 옳았음을 느끼면서 자기가 중요하게 생각하는 것이 깨질 때 오는 고통을 경험한다.

스타일에서 오는 판타지는 그다지 강력하지 않지만, 결핍에서 오는 판타지는 강력하기 때문에 부부간 깊은 대화가 필요하다. 서로를 치료하고 함께 성장하기 위해서는 많은 대화를 해야 한다. 물론 이런 이야기는 나누기 쉽지 않다. 대부분의 부부들은 주로 경제적인 문제, 자녀 교육에 대해 대화한다. 정작 중요한 자기들끼리의 심리적 대화는 거의 안 하고 산다. 심리적 대화를 많이 해야 판타지로 생기는 갈등을 줄일 수 있다.

내 맘대로 안 되면 "날 무시했잖아"

상담실에 온 부부에게 왜 싸웠느냐고 물어보면, 많은 경우 "내 체면을 깎아내려서, 기분을 나쁘게 해서, 자존심을 건드려서, 무시해서"라고 대답한다. 이를 심리적 동기로 풀이해보면 '상대보다 우위에 서고 싶은 마음 때문'이라고 할 수 있다. 누구 생각이 더 중요한지, 누가 더 힘이 센지를 밝히려다 보니 갈등이 생기는 것이다. 부부 사이지만 강자와 약자가 생기고, 그 결과 강자는 편하지만 약자는 힘들어지게 된다.

남편과 부부 동반 모임에 다녀온 상미 씨, 집에 돌아오면 매번 남편과 싸운다.

"나 이제 그 모임 안 갈래. 오늘 회장 사모가 들고 있던 가방이 얼마짜리인 줄 알아? 그 여자 온몸에 다 명품을 둘렀어. 난 이게 뭐야? 이제는 정말 입고 갈 옷도 없다고."

남편은 아내의 말을 들으며 기분이 좋지 않다.

"당신은 옷장에 옷이 얼마나 많은데, 허구한 날 옷 타령이야? 남의 마누라가 무슨 옷을 입든 그게 당신하고 무슨 상관인데?"

남편 입장에서는 아내가 회장과 자신을 비교해 얘기하는 것 같아 '자기애적 상처'가 생긴다. 자기가 회장보다 못났다는 얘기로 들려 아내를 몰아세운다.

"그 회장이 혼자 힘으로 성공한 줄 알아? 부인이 남편한테 어떻게 하는지 알기나 하고 하는 소리야? 새벽 5시에 출근하는 남편한테 지금까지 한 번도 거르지 않고 새벽밥을 지어서 갖다 바쳤다더라. 그런데 당신은 뭐야? 내가 출근할 때 내다보지도 않잖아. 그러고도 어떻게 남편이 성공하길 바라? 그게 바로 욕심이야, 욕심!"

"당신 지금 말 다 했어? 당신 능력이 없어서 성공 못 한 걸 왜 나한테 뒤집어씌워? 당신한테 새벽밥 아무리 갖다 바쳐봐라. 성공하는가."

상미 씨와 남편은 서로 자신의 체면을 지키려고 상대를 깎아내리고 있다. 내가 우위에 있으려는 것은 권력에 대한 욕구 때문이다. 대체로 부부 중 한쪽이 권력을 갖는다. 물질 중심의 현대 사회에서는 원가족의 돈과 권력이 많을수록, 현재 돈을 더 많이 버는 사람일수록, 더 능력 있는 사람일수록, 더 희생했다고 주장하는 사람일수록 강자일 확률이 높다. 강자와 약자가 생기면 부부 관계는 악순환이 된다. 강자는 편하지만, 약자는 억울하다. 서로 비슷한 상태에 있으면 주도권 쟁탈전은 끝나지 않는다.

남자는 사회적 지위를 통해 자신의 모양을 유지하거나 나타내려고 한다. 쉽게 말하면 지위를 통해 폼을 잡는다. 여성들은 미, 아름다움, 치장을 통해 폼을 잡으려고 한다. 내 폼을 건드리거나 못나게 하는 것 같으면 싸운다. 상대가 내 폼을 망가뜨린 것보다 더 많이 상대방의 폼을 망가뜨려서 자기 폼을 유지하려고 한다. 그래서 싸울 때 그렇게 상대방의 흠집을 잡고, 비난을 하면서 묵사발을 만들려고 한다.

부부 사이에 수준 차이가 있으면 싸우지 않는다. 똑같으니까 싸운다. 서로 다른 것을 인정하지 않고 '내가 위'임을 증명하려는 심리적 성숙도가 같으니까 싸운다. 열등감이 없으면 우월감을 느끼려고 하지도 않는다. 돈이나 학벌, 미모로 다른 사람에게 우월감을 느끼는 사람은 자신보다 더 나은 사람을 보면 열등감을 느낀다. 이 과정을 끝없이 반복하게 된다.

부부 사이에 강자와 약자가 정해지면, 겉으로는 평화가 유지되는 것처럼 보인다. 그러나 약자가 언제까지 약자로만 남아 있는 것은 아니다. 언젠가 어떤 식으로든 복수를 한다. 그래서 부부싸움은 이겨도 이긴 게 아니고, 져도 진 것이 아니다. 복수하는 방법도 가지가지다. 직접적으로 하기도 하고, 간접적으로 은근히 하거나 다른 사람을 동원하기도 한다. 은근히 간접적으로 이루어지는 복수를 '수동 공격적 복수'라고 한다. 이러한 복수는 '힘 있는 자가 강조하고 중요하게 여기는 것을 흠집 내는 방식'으로 이루어진다. 돈을 아끼라고 하는 배우자에게는 신용카드를 확 긁어서 복수를 한다. 먹는 것으로 뭐라 하면 먹는 것으로, 일이면 일, 자식이면 자식의 일로 복수를 한다. 강자가 중요하게 생각하고 아끼는 대상으로 복수를 한다. 강자가 괴로워할수록 약자는 그동안 억울했던 것이 풀려 통쾌하다.

결혼 전 반대 성의 부모에게 상처를 받았다면 복수의 강도는 훨씬 더 세어진다. 아버지한테 상처가 있는 아내는 남편이 조금만 억울하게 해도 2배, 4배, 심한 경우 10배를 더 억울하게 느낀다. 아내는 남편이 억울하게 한 것의 몇 배를 돌려줘야 분이 풀린다. 남편 입장에서는 자기가 한 것에 비해 아내로부터 지나친 복수를 당하니 몹시 억울하다. 남편은 더 크게 복수하고 싶은 마음이 생긴다. 이래서 부부싸움에는 억울한 사람만 있다. 복수혈전이 벌어진다. 한쪽이 권력을 쥐고 있으면 이런 악순환에서 벗어나기 어렵다.

이상 살펴본 대로 부부가 싸우는 것은 한쪽이 잘못하거나 나빠서라기보다는 남녀 차이, 성격 유형의 차이, 원가족의 환경 차이가 있는 데다가 서로 자기 뜻대로 하려는 마음이 크기 때문이다. 부부싸움은 서로 차이가 있다는 것을 드러내주면서 이를 어떻게 수용하고 이해할 것인지 생각하게 만드는 계기가 된다.

Part 2에서는 부부싸움의 원인이 되는 남녀 차이, 성격 차이, 살아온 가족 환경의 차이, 부부 사이의 권력 차이가 어떻게 갈등을 일으키는지, 어떻게 이 차이를 인식하고 이해하여 선순환의 부부 관계를 맺을 수 있는지 살펴보도록 한다.

 _ Part 2

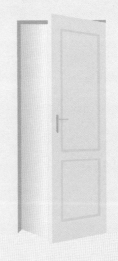

같이 사는 게 기적이다

3부

화성에서
온 남자,
금성에서
온 여자

01

남자와 여자는
서로 다른 세계에 산다

남자에게 가장 필요한 것은 능력

여성학자들 일부는 "남녀 차이는 없다"라고 주장한다. 남녀 차이는 본질적으로 주어진 것이 아니라 사회문화적으로 형성된 것이라는 주장이다. 남자아이에게는 자동차, 여자아이에게는 인형을 주어 사회화를 시켰기 때문에 남녀 차이가 발생한다는 것이다. 그러나 나는 오랫동안 상담을 하며 남자와 여자가 근본적으로 다름을 많이 느꼈다.

여자는 감정과 느낌이 풍부하게 발달한 존재다. 마음으로 사는 여자는 남자의 표정, 말투, 태도나 행동에 예민하고 민감하다. 남자가 이런 여자와 살기 위해서는 세심한 배려가 필요하다. 그러지 않으면 여자는 마음에 쉽게 상처를 입는다. 여자는 남자와 말이 통하고 느낌이 공유된다고 생각되면 행복해한다. 느낌을 공유할 수 없으면 불행하다고 느끼고 상대방이 미워지기도 한다.

일을 통한 성취감을 중요시하는 남자는 여자의 이런 마음을 잘 이해하지 못한다. 그래서 의도치 않은 행동이나 태도, 말투 때문에 여자에게 미움을 받는 일이 종종 있다. 남자가 이럴 때 당황스러워하거나 억울해하면 아내와의 관계는 악순환에 빠질 수 있다. 억울한 마음이 들더라도 아내에게 '무엇 때문에 화가 났는지', '기분이 어떤지'를 묻고 대화를 해야 한다. 남편이 이렇게 나오면 여자는 세심하게 배려받는 느낌이 들어 금방 화가 풀린다. 이런 배려가 여자의 정체성을 살려준다. 여자가 여자로서의 정체성이 살면 남편에게도 여성성을 발휘하게 되어 남자도 행복해진다.

나는 상담을 하면서 종종 남편과 아내의 말을 서로에게 통역해준다. 예를 들어보자. 내비게이션이 지금처럼 발달하기 전, 운전대를 잡은 남자들이 길을 찾지 못해 헤매는 경우가 많았다. 그러면 옆자리에 앉은 아내는 남편을 돕겠다는 마음으로 "내려서 길을 물어보라"고 말한다. 그러나 남편은 들은 척 만 척, 같은 길을 몇 바퀴씩 돈다. 답답해진 아내가 거듭 "물어보라"고 하면 남편은 버럭 소리를 지르며 화를 낸다. "가만히 좀 있어! 내가 알아서 한다고!!"

대화가 왜 이렇게 진행될까? 남편에게는 아내가 하는 말이 의도와는 전혀 다르게 들리기 때문이다. 아내가 "물어보라"고 하는 것은 남편을 돕기 위해서다. 그러나 남편에게는 "당신! 길도 제대로 못 찾고 뭐 하는 거야?"라는 말로 들린다. 좀 더 나가면 "당신은 무능해. 그것도 하나 못 찾고"라는 말로 들린다. 남편 입장에서는 이런 마음이 들면 들수록 목적지를 꼭 찾아서 자신의 능력을 보여주고 싶어진다.

결혼 1년 차인 세미 씨와 현수 씨. 주방용품을 만드는 현수 씨 회사가 신제품을 출시하여 현수 씨는 전사적으로 마케팅을 하고 있어 바쁘다. 신혼 재미를 못 느낄 정도로 바쁘지만 세미 씨는 남편을 적극 응원한다. 능력 있는 남편이 자랑스럽기도 하고, 내심 실적 보너스도 기대된다.

남편 | 여보, 나 오늘 나가봐야 돼.

아내 | 오늘도? 벌써 3주째야. 우리 요새 외식 한 번을 못 했어.

남편 | 그랬나? 지금 전사적으로 다 매달리고 있어서 어쩔 수 없어. 다녀올게.

아내 | 알았어. 다녀와.

혼자 남은 세미 씨는 마음이 허전하다. 3주째 주말을 반납한 남편에게 서운한 느낌도 든다. 처음에는 밀린 집안일도 하면서 지냈다. 지난주에는 오랜만에 친구들도 만났다. 그런데 오늘은 아무것도 하고 싶지 않고 짜증만 난다. '다음 주 결혼기념일에도 이러는 것 아냐?' 불길한 느낌마저 든다.

결혼기념일인 수요일. 세미 씨는 남편과 함께 출근을 하며 저녁 약속을 확인한다. 남편 현수 씨가 결혼기념일을 위해 근사한 이탈리아 식당을 예약했다고 했다. 세미 씨는 남편에게 오늘 늦으면 안 된다고 몇 차례나 확인을 한다.

저녁 약속 장소는 통유리로 서울 야경을 한눈에 볼 수 있는 아주 멋진 곳이었다. 먼저 도착한 세미 씨가 흡족해하며 예약석으로 가서 앉는데, 전화가 울린다. 남편이다.

남편 | 여보, 도착했어?

아내 | 응, 나 도착했어. 여기 너무 좋다. 당신은 정말 내 취향을 잘 안다니까.

남편 | 그럼, 내가 누군데. 근데 내가 조금 늦을 것 같아. 미안한데 조금만
기다려.

아내 | 어, 그래? 얼마나?

남편 | 30~40분 정도.

아내 | 알았어. 할 수 없지. 빨리 와.

세미 씨는 야경을 보면서 남편을 행복하게 기다린다. 휴대전화로 친구
들과 카톡도 하고, 기사도 검색했더니 어느새 1시간이 훌쩍 넘었다. 그래
도 현수 씨는 오지 않고 전화도 없다. 슬슬 짜증이 나다가 화가 났다. 전
화를 걸었다.

"여보, 어디야?"

"미안, 미안. 곧 도착해."

다행히 현수 씨는 곧 도착을 했고, 식당에서 제일 비싼 코스 요리를 시
켰다.

"여보, 이거 이 집에서 제일 자랑하는 메뉴야."

세미 씨는 좀 전의 화났던 마음은 까맣게 잊고 다시 기분이 좋아졌다.

"그래? 자긴 별걸 다 아네."

"그야 일하려면 이런 것은 기본이지."

현수 씨는 아내가 자기를 알아주는 말에 으쓱해진다.

세미 씨는 식사를 하며 결혼 첫해 동안 있었던 일을 남편과 함께 얘기

하면서 추억하고 싶었다.

> 아내 | 우리 지난 1년 동안 많은 일이 있었잖아. 당신은 뭐가 제일 기억에
> 남아?
>
> 남편 | 응? 무슨 일 말하는 거야?
>
> 아내 | 우리 집들이했던 거, 휴가 갔던 거, 부모님 생신, 명절 등등 엄청 많은
> 일이 있었잖아. 그중에 제일 기억에 남는 일이 뭐냐고.
>
> 남편 | 다 좋았지.
>
> 아내 | 그게 뭐야. 뭐가 좋았냐고 묻는데.
>
> 남편 | 여보, 사실 나 저녁만 먹고 들어가야 돼. 과장님이 오늘 결혼기념일
> 이라고 특별히 봐줘서 잠깐 나온 거야.
>
> 아내 | 1시간이나 늦게 나오고선 또 간다고?

세미 씨는 기분이 확 나빠졌다. 남편의 머릿속은 온통 회사 일뿐인 것
같다. 둘은 어색한 분위기로 대충 먹고는 자리에서 일어났다. 세미 씨는
집으로, 현수 씨는 회사로 갔다. 첫 결혼기념일, 두 사람은 냉랭한 저녁을
보냈다.

남자와 여자는 다른 세계에 산다. 남자는 일을 통해 자신의 능력을 증
명하는 파워의 세계에, 여자는 마음과 마음을 연결하는 관계의 세계에 산
다. 남자는 능력을 보일 때 가장 뿌듯해하고, 여자는 사랑받을 때 가장 행
복해한다. 능력은 남자가 자율적인 인간이 되기 위해 가장 필요한 것이
다. 남자에게 자율과 독립은 삶의 기반이다. 그래서 남자는 자신의 능력

을 보여주고 싶어 하고, 그러지 못하면 힘들어한다. 여자와의 관계도 능력이라고 생각하기 때문에, 여자가 자기를 좋아하면 자신이 유능한 사람이라고 생각한다.

여자는 누구와 연결되어 있는가에 예민하다. 자신이 연결된 사람과의 관계를 통해 정체성이 형성되기 때문이다. 여자가 능력 있는 남자를 선호하는 이유는 그 남자에 의해 자신의 정체성이 정해질 수 있기 때문이다. 여자의 정체성 중에서 소속감은 중요한 부분이다. 소속감은 여자들에게 안전감을 가져다준다. 여자의 안전에 대한 욕구는 자신만이 아니라 자녀에 대한 보호 때문이기도 하다. 여자는 남자를 통해 잉태하기 때문에 구조적으로 보존과 보호를 지향한다.

여자에게 남자는 씨감자다. 여자는 일단 고른 '내 남자'에게 온갖 정성을 쏟는다. 흠이 있는 씨감자에서는 흠이 있는 것(자녀)이 나온다. 그러니 내 남자에게 흠이 있으면 안 되기에 어떻게든 흠 없이 보존하려고 한다. 남편이 집에 늦게 들어오거나 자신에게 소홀하다 싶으면 "왜 안 들어오는 거야? 왜 연락 안 하는 거야?"라며 따지는 것도 내 남자를 보존하려는 마음 때문이다. 여자는 감정이 가는 사람은 격렬하게 보호하려고 한다. 남편과 자식은 여자에게 최우선 순위다. 남편이 바람을 피우면 남편도 비난하지만, 상대 여자를 찾아가서 머리채를 잡는다. 여자를 떼어놓아 내 남자를 보호하려는 것이다. 존재적으로 보면 이 문제는 죽고 사는 문제다. 남편보다 더 귀한 존재는 자식이다. 사람이고 짐승이고 '자식 잃은 어미'는 아무도 건드릴 수 없다.

　자율성과 독립이 중요한 남자는 간섭을 싫어한다. 특히 여자가 남자에게 조언이나 충고를 하면 아주 싫어한다. 그래서 여자가 이래라저래라 명령을 하면 일부러 더 안 들어준다.

　"애한테 또 그걸 사준 거예요? 사달라는 대로 다 사주면 어떡해요?"

　남편과 함께 나갔던 아들이 커다란 로봇 박스를 들고 들어온 것을 보고 아내가 짜증을 낸다.

　"애가 사달라는데 어떻게 안 사줘?"

　남편 언성도 높아진다.

　"다음부터는 사주지 말아요. 알았어요?"

　"……."

　몇 년째 계속되는 대화다. 아내는 아들이 사달라는 대로 사주는 남편이 못마땅하고, 남편은 자신에게 명령하는 아내가 못마땅하다. 대놓고 말은 하지 않지만 남편은 아내 말에 따를 생각이 전혀 없다. 오히려 아내가 그럴수록 아들에게 더 장난감을 사주고 싶다.

　이 남편은 전형적인 남자다. 자율적이고 독립을 중요하게 생각하는 남자는 아내 말을 잘 안 듣는다. 지시하고 명령하면 더 안 듣는다. 남자는 자신의 생각을 지적하면 싫어한다. 따라서 부부간에 의견이 다를 때는 아내는 자신의 의견을 직접적으로 피력하기보다는 전문가의 의견을 전해주고, 판단은 남편이 하도록 맡기는 편이 낫다. 그렇게 하면 남편도 생각을 한다. 바로 변화가 보이지 않더라도 남편의 판단을 존중해주면 전문가의 말을 생각해보다가 따라간다.

　상담실에서는 전문가로서 이런 것들을 내담자들에게 조곤조곤 알려주는 나도 집에서 아내가 명령하면 듣기 싫다. 나의 정체성을 얘기하자면 '정신 놓고 있으면 남자, 정신 차리면 상담자'인데, 집에서까지 상담자이고 싶지 않다. 나도 아내가 지시하고 명령하고 직접적으로 말하면 반발심이 생긴다. 남자는 그렇게 생겼다. 여자는 남자에게는 직접적으로 말해야 안다고 생각하는데, 잘못된 생각이다. 남자가 말을 듣지 않는 이유는 말의 내용 때문이 아니다. 아내가 말을 하는 방식 때문이다. 말은 '콘텐츠(내용)'와 '폼(말하는 방식)'으로 구성되어 있는데, 남자가 싫어하는 폼이 있다. '시키기, 명령하기, 지시하기, 대놓고 말하기, 직접적으로 말하기'를 하면 아내가 상사같이 느껴진다. 실제로 자신의 상사가 그렇게 말을 하면 괜찮다. 그러나 집에 가면 상사도 아닌 아내가 "쓰레기 버려라, 밥 퍼라, 숟가락 놔라, 애한테 책 읽어줘라"고 명령을 해대니 기분이 나쁘다. 상사도 아니면서 명령을 하니 기분이 나쁘지만, 그렇다고 부하 직원도 아니니 명령을 할 수도 없다. 남자 입장에서는 아내와 관계하기가 참 어렵다.

　그럴 땐 남편에게 지시나 명령을 하지 말고 "어머! 쓰레기가 쌓여서 어떡하나……"라고 혼잣말을 하는 게 좋다. 듣고 있는 남편은 쓰레기를 버려줄 수도 있고 안 버려줄 수도 있지만, 아내 문제를 해결해주고 싶은 마음이 든다. 아내 명령이 아니라 자신의 선택으로 쓰레기를 버리면, 같은 일을 하면서도 스스로 문제를 해결해주었다고 느껴 기분이 좋다. 여자는 이런 남자의 속성을 알고 남편에게 원하는 것이 있을 때는 혼잣말을 하는 게 낫다.

남편 엉덩이를 두드려줘야 하는 이유

얼마 전까지만 해도 남자의 일과 여자의 일은 확연히 구별되어 있었다. 근래에는 여자가 직장 생활을 하면서 남자도 집안일을 하는 경우가 늘었다. 이렇게 된 데는 아파트 주거 문화도 큰 역할을 했다. 아파트는 부엌과 거실이 붙어 있어 여자의 공간과 남자의 공간이 구별되어 있지 않다. 남자도 부엌에 드나들며 물 마시는 것에 익숙해져 여자의 공간에 들어가는 것이 전혀 어색하지 않다. 그리고 남성의 여성화도 남자의 집안일 참여에 한몫했다.

요즘 아이들은 주로 엄마나 할머니 손에 자라다가 초등학교, 중학교 때까지 여자 선생님에게 배운다. 아빠는 늦게 퇴근하니 만날 기회가 아주 적다. 고등학교에 들어가야 남자 선생님을 만나 일상생활에서 남자를 대하는 경우가 많아진다. 이처럼 남자도 어린 시절부터 여자 손에 크다 보니 자연스레 여성화가 된다.

요즘 남자들이 여성스럽다고 해도 근본적으로 남자는 남자다. 남자는 일을 통해서 자신의 존재가 고양되기를 원한다. 반면에 여자들은 일을 통해서 관계가 좋아지길 원한다. 여자의 집안일은 존재감이 아니라 친밀감과 연결되어 있다. 남자는 집안일이라도 '내가 얼마나 능력 있는 존재인가' 하는 문제와 연결된다. 그래서 쓰레기를 버리거나 못 하나 박을 때, 아내로부터 잘했다는 말을 들으면 능력 있는 사람이 된 것 같아 좋아한다.

어떤 여자는 남편이 못을 잘 못 박으면 "저리 비켜봐, 내가 할게!"라고 한다. 이렇게 하면 남편과 잘 지낼 수가 없다. 남자를 격하시키기 때문이다. 남자는 자신의 존재 가치가 떨어지면 살 수 없는 존재다. 남자는 그렇게 될수록 반발하거나 정체성이 없어진다. 반발하면 자기를 격하시킨 사람을 더 격하시켜 아예 눌러버리는데, 이것이 폭력으로 나타난다. 그렇게 하는 것이 어려운 상황이거나 심리적으로 위축되어 있으면, 남자로서의 정체성을 포기한다. 남편이 남자로서의 정체성을 포기하면 아내도 여자로 대우할 수 없다. 아내는 더 이상 여자가 아니라 엄마나 보호자가 된다. 이렇게 되면 남편은 다른 곳에서 여자를 찾게 된다. 악순환 부부가 된다.

그렇게 되지 않으려면 아내는 남편을 높여주어야 한다. 남편이 쓰레기를 버려주면 "큰일 하시는 분이 이렇게 사사로운 일도 해주고 감사하다"고 말해주는 아내가 있다. 남편은 빙긋이 웃으며 좋아한다. 여자가 이렇게 집안일을 해준 것을 고맙다고 치켜세우면 남자는 아주 좋아한다. 거기다 애정 어린 말투로 "당신 없으면 내가 못 산다"라고까지 해주면 남자는 아주 뿌듯해한다. 쓰레기를 버렸더니 자존감이 생기면서 거기다 애정까지 생긴다. 그러니 '다음에도 또 버려줘야겠다'는 생각이 절로 든다. 이렇게 가면 부부 사이가 선순환으로 간다.

많은 아내가 "우리 남편은 칭찬하려고 해야 칭찬할 게 없다!"라고 한다. 잘하는 것이 없는 남편을 칭찬해주기는 어렵지만, 그럴수록 칭찬이 필요하다. 남편과 잘 지내는 아내들이 공통으로 하는 말이 있다. "남편 엉덩이 두드려주며 산다"고 한다. 왜 그래야 하는지 이유는 잘 몰라도 그렇게 하면 남편이 좋아하기 때문에 한다. 경험을 통해 얻은 지혜. 아내가 남편이 뭐 하나 해주면 "잘했다"고 칭찬해주고, "당신 정말 훌륭한 사람이야"라며 띄워주면 남편은 다른 사람과 구별되는 특별한 사람이 된다. '다른 사람보다 나은 사람, 괜찮은 사람'이 되고 싶은 남자의 잠재의식이 충족되는 것이다. 남자는 그 맛에 또 일을 한다.

결과가 좋으면 다 좋다?

남녀는 서로 사물을 인식하는 방식이 다르다. 똑같은 현상을 놓고도 다른 반응을 보인다. 남자는 결과 중심적이다. 그래서 대화를 할 때면 꼭 "그래서? 결론이 뭐야? 요점이 뭐야?"라고 묻는다. 과정은 중요하지 않다. 일 지향적인 남자의 존재론적 주제다. 일은 언제나 결과물이 중요하다. 결과물이 많고 좋아야 돈을 많이 벌기 때문이다. 돈을 많이 벌면 사회에서 지위가 높아진다. 남자는 사회적 지위를 통해서 자신의 존재적 능력을 표현하고 싶어 한다.

남자는 왜 그렇게 일 지향적이 된 것일까? 가장 근본적인 설명을 찾다 보니 아담과 하와에까지 이른다. 인류의 첫 번째 남자인 아담은 창조주 하나님으로부터 세상 만물에 이름을 붙일 어마어마한 권한을 부여받았다.[03]

이름을 붙인다는 것은 다스린다는 의미다. 그런데 아담은 자신에게 주어진 이 리더십을 제대로 행사하지 못했다. 아내인 하와가 선악과를 따 먹는 행위를 말리지 못하고, 본인도 같이 먹으면서 하나님의 '유일한 금지령'을 어겨 그 벌로 리더십을 빼앗겼다. 아담은 하와와 공통으로 지은 죄도 있고, 혼자 지은 죄도 있다. 함께 지은 죄는 먹지 말라는 사과를 같이 먹은 죄이고, 혼자 지은 죄는 리더십을 발휘하지 못한 죄다. 이후 남자는 그냥 주

---

03 여호와 하나님이 흙으로 각종 들짐승과 공중의 각종 새를 지으시고 아담이 무엇이라고 부르나 보시려고 그것들을 그에게로 이끌어 가시니 아담이 각 생물을 부르는 것이 곧 그 이름이 되었더라(창세기 2:19).

어졌던 리더십을 수고하여야만 얻을 수 있는 존재가 되었다.[04]

일을 해야만 소산물이 많아지고 그 소산물로 인해서 지위가 높아진다. 이런 지위를 통해 남자는 리더십을 발휘할 수 있다. 일을 하지 않는 남자는 결과물이 없기 때문에 사회적 지위를 얻을 수 없다. 이런 사람들은 주변 사람들로부터 버림받는 존재가 된다. 그래서 남자는 일 지향적이 될 수밖에 없다.

여자는 결과만큼 과정이 중요한 존재다. 일을 하는 과정에서 느끼는 친밀함과 의미가 결과만큼이나 중요하다. 결과가 좋아도 친밀한 관계가 실종되면 만족스럽지 않다. 일을 하는 과정에서 일어나는 사건과 배경을 이야기하며 마음을 알아주는 것이 결과보다 중요할 때도 있다. 일과 파워의 세계에서는 결과가 중요하지만, 마음과 연결의 세계에서는 과정이 더 중요하다.

일을 좇으면 외로워진다. 그러니 외로움은 일을 지향하는 리더에게 따라오는 숙명과 같다. 리더가 되면 그 대가로 외로움과 고독을 감당해야 한다. 크든 작든 공동체의 리더는 최종 결정을 혼자 내려야 하고, 그 결과에 대해서도 책임을 져야 한다. 여자는 남자의 그 외로움을 달래주면서 리더십을 잘 발휘하도록 도와주어야 한다. 남자는 여자가 없으면 온전하게 살 수 없다. 여자가 남자를 도와주는 것 중 하나가 앞에서 말한 남자가 쓰레기를 버렸을 때 칭찬해주는 것이다. 남자를 올려주는 것이다. 여자의 '립

---

04 하나님은 리더십을 발휘하지 않은 아담에게 "네가 네 아내의 말을 듣고 내가 먹지 말라 한 나무의 열매를 먹었은즉 땅은 너로 말미암아 저주를 받고 너는 네 평생에 수고하여야 그 소산을 먹으리라(창세기 3:17)"라며 벌을 주었다. 아담은 하나님의 벌로 인하여 일 지향적 존재가 되었다.

서비스'는 남자의 자존심을 올려주어 사회에서 살아갈 힘을 준다. 밖에서 아무리 인정을 받아도 집에서 아내의 인정을 받지 못하는 남자는 자존감을 갖기 힘들다. 여자도 남자가 없으면 불안하다. 울타리가 없는 느낌이 든다. 여자가 '립서비스'로 남자를 잘 올려주면, 남자는 여자의 든든한 울타리가 된다.

아내가 남편보다 능력이 부족하기 때문에 남편을 돕고 지지하는 역할을 한다고 생각하면 큰 오산이다. 다른 사람을 돕는 사람은 상대적으로 열등하다고 여겨지는 경우가 있다. 이는 한편으로는 사실이지만 다른 한편으론 사실이 아니다. 물론 지위가 낮은 사람이 지위가 높은 사람을 돕고 섬기는 일을 담당한다. 이런 면에서 사실이다. 그러나 남자와 여자, 남편과 아내와의 관계에서는 사실이 아니다. 남편과 아내는 인간으로서는 동등하지만 서로 다르다. 그렇기 때문에 서로 다른 역할이 요구된다.

남편에게는 남편의 역할이 있고, 아내에게는 아내의 역할이 있다. 남편은 힘을 바탕으로 아내를 지키고 보호하는 역할을 한다. 그리고 남편은 아내를 위해서 죽을 수 있는 전사의 역할을 해야 한다. 이렇게 남편과 아내는 서로 다른 역할을 하면서 서로에게 도움이 된다. 서로 잘할 수 있는 것을 하면서 살게 된다. 남편은 남편이 잘할 수 있는 것으로, 아내는 아내가 잘할 수 있는 것으로 서로 보완하면서 사는 존재가 부부다.

여성적인 남자 vs 남성적인 여자

남자라고 다 같은 남자가 아니다. 남성성이 강한 남자(manly man)도 있고,

여성성이 있는 남자(womanish man)도 있다. 여자도 여성성이 강한 여자(womanish woman)와 남성적인 여자(manly woman)가 있다. 남자에게도 여성성이 있고, 여자에게도 남성성은 있다. 남성성과 여성성의 비중은 자라온 환경에 따라 차이가 생긴다. 물론 이런 차이에는 기질적인 면도 있다. 태어날 때부터 좀 더 여성적이거나 남성적인 사람이 있다.

남성적인 남자는 여성적인 여자와 맞는다. 여성적인 여자는 남자가 어디를 가자고 하면 말끝을 흐리며 애매하게 말한다. "아, 그런데……"라고 말을 흐리거나 "가기 싫은데……" 하면서 따라나선다. 남성성이 강한 '맨리 맨(manly man)'이 이런 여자를 아주 좋아한다. 이런 여자는 자신에게 도전하지 않는다고 생각하기 때문이다. 이들은 '~합니다, ~했습니다'라는 딱 떨어지는 말투에 도전하는 느낌을 갖는다. 상대적으로 여성적인 여자는 맨리 맨에게 안전감을 느낀다. 이런 남자는 여자가 "가기 싫은데……"라고 말해도 상관하지 않고 "그냥 가!"라고 한다. 여자가 불평을 해도 자기 뜻대로 추진한다.

반면에 여성적인 '우머니시 맨(womanish man)'은 다르다. 여자가 "가기 싫은데……" 하면서 따라나서면, 같이 가면서도 계속 괜찮은지 아닌지를 물어본다. 여성성의 특징 중 하나가 '화합, 하나 되기, 마음 맞추기'다. 그래서 우머니시 맨은 여자가 불평하면 힘들어한다. '왜 이렇게 불평을 하지? 뭐가 마음에 안 드는 거지?' 하며 계속 에너지를 소모한다. 이를 해소하려고 계속 물어본다. 그러면 여성적인 여자 입장에서는 추궁당하는 것처럼 느껴져 힘들다. 이러니 여성적인 '여자'와 여성적인 '남자'는 같이 살기 어렵다.

그런데 남성적인 여자는 "내가 따라나섰으면 됐지, 뭘 자꾸 물어봐? 그냥 가면 되지"라고 단순하게 대답한다. 여성적인 남자는 이런 남성적인 여자로부터 편안함을 느낀다. 그래서 둘이 같이 사는 경향이 있다.

여성적인 남자는 여자가 따라나서는 행동 자체보다 어떤 마음으로 따라나서느냐가 더 중요하다. 그래서 마음이 편한지, 괜찮은지 계속 묻는다. 반면에 남성적인 남자는 마음보다 행동이 중요하다. 그래서 남성성이 강한 사람은 '해준다'는 말을 많이 한다. "당신 말 들어줄게, 설거지해줄게, 방 청소해줄게, 애 봐줄게"라는 말은 '내가 너를 위해 뭔가를 한다'는 뜻이다. 남성적인 여자는 그 말이 거슬리고 못마땅하다. 같이 할 일을 해준다고 생색을 내는 것 같고, 하기 싫은데 억지로 한다는 말로도 들리기 때문이다. 일을 할 때 마음에서 우러나 해주기를 바란다.

여성적인 남편 지환 씨, 남성적인 아내 태리 씨가 있다. 이들은 아이 없이 맞벌이를 하며 살고 있다. 남편은 인생에서 가장 중요한 것이 아내와의 화합, 둘이 한마음이 되는 것이라고 생각한다. 반면 아내는 결혼을 했어도 남편은 남편, 아내는 아내 각자의 삶이 있다고 생각한다. '화합, 한마음 되기' 같은 말은 정확히 여성적인 말이고, '각자의 삶'은 남성적인 말이다. 이 부부는 대화를 할 때마다 이 문제로 부딪친다.

지환 씨는 집에 들어왔을 때 아내가 없으면 마음이 허전하다. 오늘도 그렇다. 아침 출근길에 아내가 늦는다는 얘기를 들었지만, 그래도 혼자 밥을 먹고 싶지 않다. 소파에 멀거니 앉아 있다가 아내에게 전화를 하지만, 받지 않는다. 늦게 들어온 아내가 현관문을 열며 묻는다.

아내 | 여보, 나 왔어! 저녁은 잘 챙겨 먹었어?

남편 | 당신은 이렇게 늦게 들어오면서 왜 전화를 하지도 않고 받지도 않아?

아내 | 어, 내가 오늘 아침에 당신한테 얘기했잖아. 오늘 늦을 거라고. 기
억 안 나?

남편 | 그렇긴 해도 나는 당신이 문자라도 한 번 보낼 줄 알았지.

아내 | 워낙 일이 많아서 깜빡했어. 화났어?

남편 | 혼자 밥 먹는데, 문자라도 보내주지.

아내는 그동안 지환 씨가 이런 식의 이야기를 하면 짜증이 났다. 무슨
남자가 하루 밥 한 끼 혼자 먹는다고 이렇게 징징거리나 싶어 싸움도 여러
번 했다. 그런데 계속 이 문제로 입씨름을 할 수는 없겠다 싶어 이날은 한
번 물어보았다. 아내가 자기 초월을 한 것이다. 이렇게 대화하면 부부 관
계가 선순환으로 간다.

아내 | 당신은 내가 밖에서 늦게 들어오는 게 싫어?

남편 | 아니, 일이 있으면 늦어도 괜찮은데 나를 신경 쓰고 있다는 느낌을
주면 좋겠어.

아내 | 예를 들면 어떻게?

남편 | 집 안에 메모지를 붙여놓거나 아니면 문자라도 보내주면 좋겠어.

아내 | 근데 당신은 문자를 받으면 뭐가 좋을 것 같아?

남편 | 당신이 집에 없어도 같이 있는 마음이 들지.

아내 | 알았어, 내가 다음부터는 꼭 문자를 보낼게.

남녀가 함께 사는 상황이 복잡해졌다. 남자인데 여자 같고, 여자인데 남자 같은 사람들이 많은 사회가 되고 있다.

그런데 이는 겉으로 보이는 변화일 뿐이다. 속으로는 여전히 남자는 남자고, 여자는 여자다. 그러니 상호작용이 복잡해진다. 겉과 속이 다르다. 여성적인 남자와 남성적인 여자의 상호작용은 겉으로는 남자와 여자의 상호작용이다. 외면의 상호작용은 연애할 때는 좋다. 나이가 어린 여성적인 남자는 남성성을 보이는 누나가 좋다. 잘 돌봐주기도 하고, 마음을 의지할 수도 있다. 나이 많은 남성적인 여자는 남동생 같은 남자를 돌보면서 좋아한다.

그런데 이 둘이 결혼을 하면 관계 양상이 달라진다. 여성적인 남자에게 있는 남성성이 나와서 자신이 원하는 대로 하고 싶어진다. 이때 남성적인 여자의 남성성이 나오면 서로 경쟁을 하게 된다. 여성적인 남자의 남성성과 남성적인 여자의 남성성이 충돌해 갈등이 생기는 것이다. 다른 한편으로 남성적인 여자의 여성성이 나오면 의존하고 싶고, 짐을 맡기고 싶은 마음이 든다. 이때 여성적인 남자의 여성성과 충돌을 한다. 이때는 여성만 존재하고 남성은 없다. 둘 다 의존하고 싶으니 서로 못마땅해지면서 신경전이 시작된다. 상대방에게 의존하고 싶은 남성적인 여자는 좌절하며 상대방을 미워하게 된다. 그러면서 다시 남성성이 나와 상대방을 지배하려고 한다.

이렇게 겉과 속이 다른 복합적인 상호작용이 일어나면 부부 관계는 힘들어진다. 왜 갈등이 생기는지 모르면서 다툰다. 물론 관계가 원만해지려면 여성적인 '남자'의 속(남성성)이 남성적인 '여자'의 속(여성성)과 만나고, 여성적인 '남자'의 겉(여성성)이 남성적인 '여자'의 겉(남성성)과 만나면 된다. 그러나 이런 조합은 서로 노력하지 않는 한 어렵다.

02
마음의
통역이 필요해

완벽한 소통은 '기대'일 뿐

남녀의 중요한 차이 중 하나가 대화할 때 말의 길고 짧음이다. 보통 여자는 길게 말하고, 남자는 짧게 말한다. 여자는 상황이나 사물을 인식할 때 남자와는 달리 과정으로 본다. 대체로 여자는 앞뒤, 과거와 현재를 연결해 말한다. 그래서 대체로 말이 길다. 나는 상담을 시작할 때 으레 내담자들에게 상담을 받으러 오게 된 이유에 대해 묻는다. 나는 남자이기 때문에 한두 마디로 간단하게 말해달라고 하고 싶다. 그런데 그렇게 하면 여성 내담자들이 자신을 배려하지 않는다고 생각한다는 것을 알기 때문에, 말하고 싶은 대로 편하게 하라고 한다. 그러면 수많은 사건에 따른 자신의 생각과 감정을 모두 말한 후, 대체로 마지막에 자신이 왜 상담에 오게 되었는지 말한다. 남자는 간단히 결론만 얘기해도 충분하다고 생각하지만, 여자는 과정과 감정을 다 넣어 얘기해야 제대로 얘기했다고 생각한다.

다음 그림에서 보듯이 남자와 여자는 처음 창조되었을 때는 서로 이해할 수 있을 정도의 작은 차이만 있었다. 그러나 선악과를 먹으면서 서로 이해하지 못할 정도로 남녀 차이가 커졌다.[05]

남녀 행동 차이

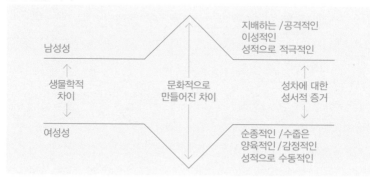

서로 친하고 좋은 관계는 적절한 거리가 있는 관계인데, 멀어져도 너무 멀어졌다. 나는 소리를 지르는데도 저쪽에서는 안 들린다. 본질적 차이에 문화적 차이가 더해져 남녀 차이는 소통 불가 상태에 이르게 되었다. 소통 불가뿐만 아니라 이해 불가능의 상태가 된다.

남녀 차이만으로도 소통이 어려운데 인간은 죄를 짓고 나서 자신의 죄를 감추는 행동을 하게 되었다. 남녀 차이에 자기 것을 가리는 은폐 행위까지 더해지면서 남자와 여자는 더 안 통하게 되었다. 그러니 부부가 말이 안 통하는 것은 너무나 당연하다. 그럼에도 통하는 것을 당연하다고 생각

05 Balswick & Balswick, 『The Family: A Christian Perspective on the Contemporary Home(가족: 현대 가정의 기독교 관점)』, 1990년, 200쪽. 볼스윅과 볼스윅은 성경에서 말하는 본질적인 남녀 차이가 문화로 인해 더 크게 벌어져서 소통이 어려워지고 있음을 그림으로 보여주고 있다.

하면 그때부터 불행해지기 시작한다. 부부는 '아, 우리가 다르구나, 안 통하는구나'에서 출발해야 한다. 안 통하는 사람들이 만나서 결혼까지 하고, 같이 살고 있는 것을 기적이라고 생각해야 한다.

사람들은 일반적으로 통하는 관계가 정상이라고 생각한다. 그러나 앞에서 말했듯이 영 통하지 않는 게 정상이고 당연하다. 남녀가 서로 완벽하게 소통하고 싶은 마음은 심리학적으로 볼 때 현실에 기반을 두지 않은 '기대'다. 그래서 인지심리와 같은 심리 치료에서는 현실적으로 기대를 조정하는 처치를 한다. 부부 관계를 포함하여 모든 인간관계는 대화가 안 되고, 갈등이 생기고, 미운 마음이 드는 게 정상이다.

관계 지향적인 여자는 대화를 할 때 상대방이 자신의 말을 듣고 있는지 궁금해한다. 여자에겐 말의 내용도 중요하지만, 더 중요한 것은 말을 듣는 상대방 태도다. 상대가 자신이 하는 이야기에 관심 없어 하면 자신의 마음을 받아주지 않는다고 느낀다. 자신과 상대의 마음이 연결되어 있지 않다는 느낌을 받으면, 하던 말을 중단하거나 화를 내는 등 감정적인 반응을 보인다. 그래서 여자는 말을 하다가 쉽게 토라지거나 실망을 한다.

부부가 맞벌이를 하지 않으면, 남편의 삶과 아내의 삶은 꽤 다르다. 이러한 삶의 방식 차이는 대화법에도 영향을 미친다. 남자는 회사를 다니면서 요점 정리 훈련을 받는다. 업무상 프레젠테이션 준비를 위해 내용을 요약하고, 키워드로 말하게 된다.

그에 비해 여자는 요점을 흐리는 훈련을 하며 살아왔다. 여자는 한 얘기를 또 하고, 또 하면서 몇 시간씩 얘기한다. 포인트만 얘기하는 사람하고는 만나기 싫어한다. 포인트를 늘리는 여자와 요점 정리를 하며 살아온 남자가 서로 얘기를 하면, 남자는 여자가 쓸데없는 말을 많이 한다고 생각한다. 남편이 "요점이 뭐야!", "그래서?", "결론이 뭔데!"라는 식으로 말을 하면 아내는 남편이 자신을 좋아하지 않는다고 생각한다. 남편의 말이 "귀찮아!", "그만 이야기해!", "또 시작이군!"으로 들리기 때문이다. 그래서 실망스럽고 화가 난다. 대화는 남자와 여자의 자기 초월이 필요한 영역이다.

남자가 여자와 잘 지내기 위해서는 여자가 하는 말을 주의 깊게 들어줘야 한다. 태도가 중요하다. 고개를 끄덕이거나 "응, 그래", "맞아!", "그런 것 같아", "저런", "어쩌지" 등과 같은 간단한 언어적 반응만 보여도 즐거워한다. 상대방이 자신의 말에 공감하고 있다고 느끼기 때문이다. 반면, 남자가 여자의 말에 공감하기보다 문제를 해결하려고만 하면 갈등이 생긴다. 예를 들어, 아내가 남편에게 "여보, 둘째가 너무 공부를 안 하고, 친구들하고 놀려고만 해"라고 했다고 하자. 대부분의 남편은 아이를 불러다 놓고 심하게 나무란다. 그러면 아내는 괜히 말을 꺼냈다고 후회하기 쉽다. 불안한 마음을 달래고 싶어 이야기를 꺼낸 것인데, 남편의 반응으로 더 불안해진다.

이런 경우 남편은 가벼운 마음으로 "그러면 어떻게 하지?"라고 물으면서 상의를 해야 한다. 그러면 아내 입장에서는 편안해진다. 설령 문제가 해결되지 않더라도 남편과 함께 집안의 중요한 문제에 대해 이야기를 나누고 상의하는 과정 자체가 마음을 안심시키기 때문이다. 남편이 문제를 해결하려고만 하지 말고, 아내의 말을 주의 깊게 들으며 상의하려는 마음을 가지면 부부는 잘 지낼 수 있다.

남자에게 얘기할 때는 사실부터

남자는 사회 속에서 살고, 여자는 마음속에서 산다. 객관적인 사실 확인이 중요한 사회에 사는 남자는 자연스럽게 사실부터 받아들인다. 여자는 마음이 먼저다. 그래서 남편은 사실부터 확인하고, 아내는 자신의 마음부터 표현한다.

남자와 여자는 이렇게 차이가 있어 각자의 정체성에 맞게 살 때 사이가 좋아진다. 그러려면 서로가 자신을 뛰어넘어 상대방의 정체성에 맞춰줄 수 있어야 한다. 사랑하는 사이에서는 자기 자신을 넘어 서로에게로 가고 싶어 한다. 나를 넘지 않고는 닿을 수가 없다. 나를 넘어서면 상대의 마음을 느낄 수 있다. 자기 초월을 하지 않으면 사랑의 관계는 이루어지지 않는다. 성별(sex) 차이, 자신의 성격(personality)과 이해(interest)를 초월해야 친밀한 사랑 관계가 형성된다. 사랑하는 관계뿐만 아니라 타인과 관계를 맺을 때는 어느 정도 자기 초월이 필요하다.

"당신은 왜 돈을 이것밖에 못 벌어 와?"

"내가 얼마를 벌어 오는 게 중요한 게 아니야. 당신도 한번 생각해봐. 지금 몇 년째 세계 경제가 안 좋잖아. 이젠 좀 회복되어야 할 텐데 말이야."

이런 대답이 남자의 사고방식이다. 여자는 주로 주관적이고 개인적인 얘기를 하지만, 남자는 객관적이고 사회적인 얘기를 한다. 질문을 한 아내는 전혀 다른 대답을 기대했을 수 있다. "당신이 돈을 적게 벌어 와서 살기가 힘들다"는 의미의 질문이었다면, "미안하다. 내가 더 많이 벌어 오도록 노력하겠다"라는 대답을 기대했을 것이다. 그런데 세계 경제 상황을 운운

하니 아내 입장에서는 어이없다. 단박에 "우리 집 경제나 신경 쓸 것이지, 당신이 왜 세계 경제까지 신경 써? 누가 써달라고 해?"라는 비난이 되돌아올 것이다. 물론 이 대답에는 돈을 잘 못 버는 남자로서의 자기 합리화도 있을 수 있다. 그러나 대체적으로 남자의 사고가 스케일이 크다. 존재론적으로 리더십을 발휘해 가족 전체를 돌보도록 만들어졌기 때문이다.

남자가 아내와 소통을 잘하려면, 사회와 세계를 생각하지 말고 '작게' 생각해야 한다. 아내가 이야기하는 것에 초점을 맞추어야 한다. 이것이 자기 초월이다. 작은 세계에서 큰 세계를 보는 것도 자기 초월이지만, 큰 세계 속에서 작은 세계를 보는 것도 자기 초월이다.

또한 남자는 아내가 얘기를 하면 이해가 안 되어도 고개를 끄덕여줘야 한다. 강의를 하다 보면, 여자들은 강사인 나와 눈도 마주치고 고개도 끄덕이면서 반응을 보인다. 그런데 남자들은 대부분 눈을 마주 보며 "그렇죠?"라고 물어봐도 멀뚱멀뚱 쳐다보기만 한다. 남자는 객관적으로 이해가 되어야만 고개를 끄덕일 수 있기 때문이다. 여자에게는 반응이 중요한데, 남자는 이런 사실을 알지 못한다. 자신의 이해에 함몰된 남자는 여자의 말이 이해가 될 때까지 반응을 제대로 하지 못한다. 남자가 객관성을 넘어 반응성 쪽으로 가야 여자와 대화가 된다. 남자에겐 이해가 되지 않아도 눈을 마주치고, 고개를 끄덕이는 반응을 보이는 행위가 자기 초월이다.

한편 여자는 감정을 넘어서 사실 쪽으로 가야 한다. 남자는 팩트가 들어오지 않으면 감정도 들어오지 않는다. 팩트가 먼저 들어와야 감정도 들어온다. 남자는 여자가 이런저런 일이 있었다고 얘기를 하면 그 말이 사실인지 아닌지부터 묻는다. 사실이 중요한 남자, 감정이 중요한 여자의 대화를 하나 소개한다.

아내 | 여보. 오늘 우리 옆집이 이사 갔어. 아침에 인사 왔더라. 사업이 잘
안됐나 봐.

남편 | 그 집 사업이 잘됐는지 안됐는지 당신이 어떻게 그리 잘 알아?

아내 | 안 그러면 이렇게 급하게 집을 빼서 나갈 리가 없잖아.

남편 | 확인도 안 해보고 당신 마음대로 생각하지 마.

아내 | 차도 오래된 거 타고 다니고 그 집 여자 얼굴도 근심이 많아 보이는
게 아무래도 사업이 망한 것 같아. 애들도 어린데 안됐네.

남편 | 당신이 그 집이 망했는지 아닌지 알아?

집요하게 팩트를 묻는 남편에게 아내는 "그게 뭐가 중요해? 내 생각엔
그런 것 같다고! 애들도 안되어 보여서 그렇게 말하는데, 당신이 무슨 수
사관이야?"라고 소리를 지른다. 그러면 남자는 사실도 아닌 이야기를 왜
하느냐고 되묻는다. 이러면 여자는 정말 얘기할 맛이 안 난다. 물론 남자
입장에서는 아내가 얼토당토않은 이야기를 지어내 혼자 북 치고 장구 치
는 것처럼 보인다. 여자는 남자에게 얘기할 때, 감정을 앞세우지 말고 사
실적으로 해야 된다.

아내 | 여보. 옆집이 이사를 갔어. 오늘 아침에 인사 왔더라. 아기 엄마가 얼
굴에 근심이 많아 보였어.

남편 | 왜. 무슨 일이 있대?

아내 | 글쎄, 얼마 전에 보니까 집을 급매로 내놓았더라고.

남편 | 그래?

아내 | 하던 일이 어려워진 거 같아.

남편 | 그럴 수도 있겠네.

아내 | 그래서 아까 인사하는데 안된 마음이 들더라고. 애들도 어린데 말이야.

남편 | 그러게. 안됐네.

이처럼 사실을 먼저 얘기한 후 마음을 얘기하면, 남자도 받아들이기가 수월하다. 이러니 남녀가 잘 지내려면 정말 눈물겨운 노력을 해야 한다.

여자에게 중요한 것은 원칙보다 상황

남자는 자신이 정해놓은 규칙을 중요하게 여긴다. 반면 여자는 상황에 맞는 적절한 행동을 중요하게 여긴다. 남자는 일을 통해 자기의 정체성을 느끼므로 일을 할 때는 원칙이 있어야 한다. 원칙이 흔들리면 일을 할 때 어려움을 겪기 때문이다. 그래서 남자는 여자와의 관계에서도 원칙을 중요시한다.

집안일도 마찬가지다. 남자는 집안일을 할 때도 자신이 정해놓은 원칙대로 하려고 한다. 예를 들어, 설거지를 하겠다고 하면 딱 설거지만 한다. 다른 것은 정하지 않았기 때문에 하지 않으려는 경향이 있다. 그러나 여자는 설거지를 하기로 했어도 아이들과 놀아주어야 하는 상황이 벌어지면 아이들과 놀아준다. 진행되는 상황에 맞게 적절하게 행동을 함으로써 관계를 원활하게 하려는 경향이 있다. 여자는 이처럼 분위기 파악을 하면서 할 일과 안 할 일을 구별한다. 말을 할 때도 상대방 마음에 맞게 하려는 경향이 있다. 즉 남자는 원칙, 여자는 상황을 중요하게 생각한다.

사회는 원칙과 효율성을 추구하는 남자에게 유리하게 돌아간다. 여권 신장이 이루어졌다고 해도 여전히 여자는 여러 면에서 남자보다 불리한 위치에 있다. 가정에서도 마찬가지다. 맞벌이를 해도 집안일과 육아는 아직도 상당 부분 여자의 몫이다. 슈퍼우먼이 되지 않으면 여자는 이래저래 생활하기 힘들다.

집안일로 갈등을 빚고 있는 40대 부부의 얘기다. 아내는 남편이 집안일을 하나도 안 도와준다며 불만이 많다. 평소에는 합리적인 남편인데, 집안일에 대해서만큼은 보수적이라는 것이다. 음식물 쓰레기를 들고 나서면 냄새 난다고 빨리 나가라고 하고, 재활용품 분리수거를 할 때는 '따라가 주기'만 할 뿐이란다.

"우리는 내가 돈을 벌고 아내가 집안일을 하기로 했습니다. 그래서 아내가 집안일을 하는 것에 대해 불만이 없는 것으로 알고 있었어요. 가사노동 분담에 불만이 있으면 아내가 취업을 해서 돈을 벌어야죠!"

원칙을 정했으면 그대로 하라는 남성적인 표현이다. 하지만 아내는 다시 일을 하고 싶지 않다. 그래서 남편이 도와주지 않아서 화가 나고 힘들지만, 집안일을 다 맡아서 하고 있다고 했다.

"당연한 얘기지. 그래도 당신이 영 불편하면 말을 해."

남편이 선심 쓰듯 이야기를 하자, 아내는 그동안 쌓였던 불만을 털어놓기 시작했다.

"솔직히 같이 외출했다 들어오거나, 자기보다 내가 더 힘든 날도 내가 꼭 밥을 차려야 하는 게 힘들어. 뻔히 알면서도 아무것도 안 하는 당신한테 화날 때가 많았어."

남편도 지지 않는다.

"우리 엄마 아버지도 똑같이 종일 가게에서 일을 했는데, 집에 돌아오면 항상 엄마가 밥을 차리셨단 말이야."

원가족에서 보고 자란 것이 그렇다는 것이다.

물론 아내 입장에서는 "우리 엄마도 그랬으니 너도 그렇게 하라"는 논리가 납득이 될 리 없다. 그런 남자를 어떻게 믿고 사랑할 수 있느냐고 항의하자, 남편 대답은 간단하다.

"그러면 원칙은 뭐 하러 정해?"

이 부부는 남편은 돈을 벌고 아내는 집안일을 하기로 원칙을 정해놓았다. 남편은 이런 원칙이 지켜져야 한다고 주장하는 반면, 아내는 원칙을 정해놓았어도 상황에 따라서는 남편이 도울 수도 있다고 생각한다. 아내는 남편에게 도와달라는 말을 하고 있는 것이다. 이 부부의 갈등은 원칙과 상황의 상호작용으로 인해 생긴다.

공방전을 멈추고 선순환의 부부 관계로 가는 방법은 우선 남편에게 달렸다. 여러 말 하지 말고 아내에게 "당신 힘들어?"라고 물어보면서 아내의 입장에서 상황을 보는 것이다. 상황에 맞게 행동하면 된다. "아이고, 할 일이 정말 많네. 당신이 힘들게 생겼네!"라고 하면 아내는 힘든 상황에 남편과 같이 있다고 느낀다. 여기에 더해 "많이 힘들지?"라고 해주면 남편이 자신의 마음을 알아주는 것 같아 고마운 마음이 든다. 물론 "밥은 내가 차려 먹을게. 당신 좀 쉬어"라고 하면 금상첨화다. 아내로서는 배려받고 사랑받는 느낌이 든다. 그런데 이렇게 말하는 대신 "내가 돈을 벌어 오니 집안일은 네가 하는 게 당연하다"는 원칙론에 "우리 부모님도 그랬다"는 경험담을 더하면, 아무리 논리적으로 남편 말이 맞아도 아내 마음은 닫힐 수밖에 없다. 마찬가지로 아내도 지쳐 퇴근한 남편에게 이렇게 말해주면 사이가 좋아진다.

아내 | 당신, 바깥일 하느라고 많이 힘들지?
　　　조금만 있어. 빨리 밥 챙겨줄게.
　　　힘들게 일하고 온 당신, 맛있는 밥 해줄게!
　　　집안일은 다 나한테 맡겨. 당신은 바깥일만 열심히 하면 돼!
　　　힘들게 일하고 왔으니 집에서는 편안하게 쉬어!

이렇게 말하면 남편은 편안해진다. 자신의 원칙이 지켜지는 느낌과 아내에게 존중받는 느낌을 받는다. 아내가 집안일을 확실하게 해주니, 자신은 바깥일을 확실하게 할 수 있다고 생각한다. 남편 입장에서는 아내가 자신의 원칙을 지켜주고 존중할 때 자존감이 올라간다. 이렇게 자존감이 올라가면 아내를 사랑하는 마음이 더 커진다. 그런데 이렇게 하지 않고 힘들고 피곤한 남편에게 "오늘은 어땠어?", "오늘 뭐 했어?"라고 생각해서 대답할 질문을 던지면, 집에 와서도 일을 하는 것 같아 피로가 더해진다. 여자는 대화를 통해 마음을 나누면 힘이 나지만, 남자는 대화하는 것이 때로

일같이 느껴지기도 한다.

속마음을 표현하기 어려운 남자

남자에겐 '쪼다'가 되면 안 된다는 강박적인 심리가 있다. 쪼다는 일도 잘 못하면서 주저리주저리 자기변명을 늘어놓는 남자다. 어려서부터 "남자는 울면 안 돼!"라는, 강한 남자가 되라는 주문을 귀가 따갑도록 들으면서 이런 심리가 자리를 잡는다. 그래서 남자는 필요한 말만 하고, 한 번 말한 것을 반드시 지키고, 가벼워 보이지 않아야 한다고 생각한다. 소소한 느낌이나 정서적 표현이 자신에게는 영 어울리지 않는다고 생각한다. 이런 생각들이 더해져 남자는 속마음을 잘 말하지 않는다. 속마음을 시시콜콜 얘기하면 자신이 남자답지 않다는 느낌이 든다.

여자는 속마음을 털어놓으면서 관계를 맺는다. 마음과 마음의 연결을 중요하게 생각하기 때문이다. 좋아하는 남자에게 속마음을 털어놓고 싶어 한다. 여자는 서로 마음을 표현하면서 한 팀 같다는 느낌을 갖는다. 여자가 좋아하는 느낌이다. 그렇다고 모든 사람에게 속마음을 털어놓는 것은 아니다. 연결되고 싶은 마음이 없는 사람들에게 굳이 속마음을 털어놓을 이유가 없다. 다음은 속마음을 드러내는 아내와 드러내지 않는 남편의 대화다.

아내 | 여보, 이번에 형님네 준식이가 영어경시대회 나가서 1등을 했대.
남편 | 그래?

아내 | 응. 형님은 얼마나 좋을까. 준식이는 착한 데다가 공부까지 잘하잖아. 우리 아들은 게임만 하는데.

남편 | 그럴 수도 있지.

아내 | 당신은 걱정도 안 돼?

남편 | 다 때가 되면 알아서 할 거야.

아내 | 당신이 그러니까 애가 더 아무 생각이 없잖아. 애랑 얘기 좀 해봐.

남편 | 남자애들은 하라고 하면 더 안 해. 그냥 둬.

아내 | 나 혼자 마음 졸이면 뭐해? 부모가 쿵짝이 맞아야 애도 말을 듣지. 나는 형님이 너무 부러워. 남편이 돈도 잘 벌어다 주지, 애들은 공부도 잘하지. 남부러울 게 없을 거 같아.

남편 | 그렇게 부러우면 거기 가서 살든가.

아내는 아들이 공부를 안 하는 것에 조바심이 나서 이런저런 얘기를 하는데, 남편은 아내의 불안과 걱정에 아무런 반응을 하지 않는다. 속으론 본인도 걱정이 될 수도 있는데 말이다. 남자가 이렇다. 속마음을 잘 드러내지 않는다. 아니 못 한다고 볼 수 있다. 어려서부터 속마음을 드러내지 않고 살면, 나이가 들어 표현을 하고 싶어도 잘 되지 않는다.

2부에 소개한 부부 동반 모임에 다녀올 때마다 싸우던 상미 씨 부부. 그 집 남편도 자기 마음을 표현하지 않는다. 상미 씨는 온통 명품으로 치장한 회장 부인이 부러워 '입을 옷 타령'을 한 것인데, 남편은 자신의 마음을 얘기하는 대신 아내의 정신 상태를 들먹였다.

"당신은 옷장에 옷이 얼마나 많은데, 맨날 무슨 옷 타령이야? 옷보다 당신 정신 상태가 문제라서 못 가는 것 아니야? 대체 남의 아내가 무슨 옷을 입든 무슨 가방을 들든, 그게 당신하고 무슨 상관인데? 그리고 그 회장이 혼자 힘으로 성공한 줄 알아?"라며 말이다.

이렇게 말하는 대신 남편은 자기 마음을 말할 수도 있다. "나도 회장이 폼 나게 돈 낼 때 좀 부럽더라고" 또는 "당신은 꼭 그렇게 말을 해서 사람 감정을 상하게 해야겠어?"라며 좀 거칠지만 기분이 좋지 않다는 마음을 표현할 수도 있다. 아니면 아주 부드럽게 "당신 부러웠어? 나도 당신한테 그런 것을 해주고 싶은데 못 해주니까 미안한 마음이 들었어"라거나 "당신 부러웠어? 그래도 그렇게 말을 하니까 내가 못난 사람이 된 것 같아서 서운한데……"처럼 긍정적이든 부정적이든 자기 안에서 일어나는 감정들을 표현할 수 있다. 그런데 남자는 자기 속마음을 표현하기가 참으로 어렵다. 이런 말을 하면 쪼다같이 느껴져서 안 할 수도 있고, 이런 말을 하고 살아도 되는지 아예 모르기도 한다.

말로 갈등을 풀고 싶은 여자

남자는 갈등이 생기면 문제 해결에 집중한다. 근본적으로 해결 지향적 성향이 있기 때문이다. 실제로 부부 관계에 문제가 발생하면 남자는 문제를 해결하기 위해 많은 생각을 한다. 생각할 시간이 따로 필요하면 자신만의 동굴로 들어간다. 방에 들어가서 무엇이 문제인지, 왜 이렇게 되었는지 깊이 고민한다. 이렇게 생각하는 동안 남자는 말이 없어진다.

남편을 크렘린이라고 하는 아내가 있었다. 자기가 아무리 비난을 해도 남편이 아무 말도 없이 눈만 껌벅거려서 이런 별명을 붙였다고 한다. "도대체 이 사람은 왜 이렇게 말을 안 하는지, 알다가도 모르겠어요"라며 답답해했다. 여자는 남자가 비난을 받으면 생각을 한다는 사실을 잘 모른다. 남자는 비난을 받으면 바로 대응하기보다 상대가 왜 저런 비난을 하는지 생각한다. 생각이 정리되지 않으면 반응을 보일 수 없다. 그래서 여자가 남자를 비난할 때는 무엇 때문인지를 말해주어야 한다. 그 이유를 알게 되면 남자는 마음이 편안해진다. 남자는 마음이 편해져야 말을 하기 시작하고, 생각이 정리되어야 문제를 해결한다.

여자는 말을 하면서 마음을 푼다. 부부 갈등이 생기면 말을 해서 풀고 싶은 욕구가 더 커진다. 상대를 좋아하면 할수록 이런 경향이 강해진다. 그래서 갈등이 생기면 아내는 "우리 얘기 좀 해"라며 남편과 대화를 하려고 한다. 말을 하면서 오해를 풀고, 다시 마음을 맞춰서 관계를 회복하길 원한다. 남편이 자신의 마음을 잘 모르면 계속 오해를 하고, 이로 인해 관계가 멀어질까 봐 불안하고 두렵다. 여자는 자신의 마음을 상대방에게 보여주면서 공감받고 이해받기를 원한다. 또한 남편의 마음도 확인하고 싶어 한다. 남편이 여전히 자신을 좋아하는지 아닌지 자꾸 확인하고 싶어 한다.

며칠 전 새 소파를 구입한 문제로 경희 씨는 남편과 다투었다. 이제 대화를 통해 화해하고 싶다.

아내 | 여보, 얘기 좀 해. 당신은 내가 돈을 함부로 쓴다고 생각하는 것 같은데, 그거 아는 사람한테 아주 싸게 산 거야.

남편 | 소파 산 지 몇 년이나 됐다고 또 바꿔?

아내 | 진짜 가죽이 이런 가격에 나올 수는 없대.

경희 씨는 남편이 자기가 왜 그런 행동을 했는지 이해해주기를 간절히
바라고 있다.

남편 | 장사하는 사람들이야 다들 그렇게 말하지.
아내 | 그 사람은 믿을 만해.
남편 | 당신은 돈 버는 걸 너무 쉽게 생각해.
아내 | 돈 벌기 어려운 거 나도 알아. 그런데 좋은 물건을 싸게 사는 것도 절
　　　약하는 거라고. 천 소파에 커피나 음료수 떨어지면 세탁하기도 나쁘
　　　고 천에서 먼지도 나고 애들한테도 안 좋거든.
남편 | 그런 생각이었다면 처음부터 가죽 소파를 샀어야지. 핑계지 뭐야.

경희 씨는 남편이 자신을 쉽게 물건을 사는 여자라고 생각하는 것이 마
음에 걸려 얘기를 하는데, 남편은 영 알아줄 기미가 안 보인다.
　"당신은 내가 이렇게까지 설명하는데 그것도 이해 못 해? 잘해보려다
가도 열이 뻗친다니까."
　"자기가 사고 치고, 열 내고. 나 참, 어쩌라는 건지."
　여자 마음을 잘 모르는 남자는 여자가 하는 말에만 신경을 쓰느라 마음
읽기를 놓치기 일쑤다. 부부 관계가 선순환하기 위해서 남편은 아내 마음
을 읽는 훈련을 해야 한다.

03
성을 보는 눈
교집합 제로

콧대 높은 여자를 좋아하는 이유

남자의 친밀감은 역설적이다. 남자는 상대가 거리를 둘수록 존경심과 가까이하고 싶은 욕구를 함께 느낀다. 존경심과 가까움은 서로 상반된 개념이다. 존경심은 거리감을 전제로 하고, 가까움은 반대로 거리가 없음을 전제로 하기 때문이다. 남자의 친밀감은 이렇게 거리를 두면서도 좁히고자 하는 모순적인 방식으로 이루어진다. 이런 모순적인 친밀감의 특성으로 남자는 여자가 거리를 두면 더 다가가려고 한다. 어려울수록 더 호기심을 느낀다. 남자는 여자가 쉽게 성관계를 허용하면 성적인 만족을 위해 좋아하면서도 다른 한편으로는 여자가 너무 쉽다고 생각해 께름칙해한다. 존경심이 사라져 거리 좁히기를 하고 싶은 마음도 줄어들기 때문이다. 남녀가 사귀다가 성관계를 하고 나면 남자의 좋아하는 마음이 식는 이유도 이런 성향 때문이다.

남자가 쉽게 마음을 주지 않는 여자를 좋아하는 것은 이런 모순적인 친밀감 때문이다. 여자의 이런 신비로운 태도는 남자의 존경심을 자극한다. 남자의 사랑을 더 깊게 만든다. 여자가 다가왔다가 다시 거리를 두면 남자는 더 가까워지고 싶어 한다. 이런 남자의 친밀감은 성적인 면에서도 그대로 드러난다. 여자가 쉽게 성관계를 허락하지 않거나, 성관계를 하더라도 쉽게 만족하지 못하는 것은 모두 남자의 행동적 친밀감을 자극하는 요소가 된다.

골리앗을 무너뜨린 다윗에게는 아들 암논이 있었다. 암논은 자신의 이복 여동생 다말을 오랫동안 흠모했다. 다말과 좋은 관계를 맺어보려고 노력하다가 다말을 자기 숙소로 불러서는 성폭행을 했다. 그 후 암논의 태도는 급격히 변한다.

성경에는 이 장면이 "암논이 그의 말을 듣지 아니하고 다말보다 힘이 세므로 억지로 그와 동침하니라. 그리하고 암논이 그를 심히 미워하니. 그가 부리는 종을 불러 이르되 이 계집을 내게서 이제 내보내고 곧 문빗장을 지르라(사무엘하 13:14~17)"로 묘사되어 있다.

다말을 오랫동안 흠모했음에도 불구하고, 성관계 후 급변한 암논의 태도는 매우 잘못된 행동으로 윤리적, 법적, 인격적으로 심각한 문제를 불러일으킨다. 훗날 아버지 다윗에게도 파괴적인 영향을 끼쳤다. 그런데 도대체 왜 그랬을까? 그렇게 좋아하던 상대와 성관계 후 좋아하는 마음이 급격히 줄어든 것이다. 거리감이 줄면, 가까워지고 싶은 친밀감도 사라지는 남자의 속성을 보여준다.

한 남자만 계속 만나는 이유

여자의 친밀감은 정적이다. 남자에 대한 좋은 이미지가 생기면 즐겁고 유쾌한 느낌을 갖는다. 그 느낌을 마음속에 간직하면서 음미하고 또 음미하는 방식으로 친밀감을 느낀다. 이런 느낌은 갑자기 다가올 때도 있지만, 대부분은 서서히 다가온다. 일단 좋은 느낌이 마음속에 접수되면, 점진적인 과정을 거치며 발전한다.

영화나 드라마를 보면 남녀 차이를 알 수 있다. 우선 여자들이 좋아하는 드라마나 영화는 정적이다. 여자는 느끼고 생각하고 얘기하고, 다시 느끼는 과정을 반복한다. 좋은 자극을 반복적으로 느끼면서 얘기하고 싶어 한다. 그래서 한 장면이 다른 장면으로 쉽게 넘어가기 어렵다. 반면 남자가 좋아하는 드라마나 영화는 장면 전환이 빠르고 시끄럽다. 새로운 자극을 찾으면서 친밀감을 느끼고 싶어 하는 남자의 역동성을 보여준다.

여자가 친밀감을 느끼는 방식은 성에도 그대로 적용된다. 기분 좋은 성적 자극이나 접촉은 만족감을 주는데, 여자는 이런 자극이 반복되기를 바란다. 반복을 통해 좋은 자극을 계속 느끼면서 서서히 성적 흥분을 느낀다. 즉 점진적 과정을 거친다. 그러지 않으면 금방 성적 자극을 잃어버린다.

이런 반복적인 특성은 여자가 좋은 자극을 제공하는 남자만을 지속적으로 만나려는 이유와도 연결된다. 여자는 한 번 남자를 정하면 자주 바꾸고 싶어 하지 않는다. 여자의 성도 좋은 자극이 반복적으로 진행되는 시간과 기간을 필요로 한다. 그래서 남자는 여자와 성관계를 할 때 인내심이 필요하다. 자신이 원하는 대로 새로운 자극만 찾으려고 하면 여자를 만족시킬 수 없다. 이런 시간을 인내하며 기다릴 수 있는 남자만이 여자와 좋은 관계를 맺을 수 있다.

목적으로서의 성

남자는 동성끼리 운동 경기를 하면서 친해지고, 몸싸움을 하면서 깊은 우정을 쌓는다. 여자와의 성적 친밀감도 마찬가지다. 남자는 여자의 몸을 만지면서 흥분한다. 가끔 좋아하지 않는 여자를 만지면서도 흥분한다. 지하철이나 버스 등에서 성추행이 발생하는 이유다.

여자는 누구와 마음을 나눌지 많은 생각을 한다. 마음을 나누는 남자와 성적인 관계를 맺을 가능성이 높기 때문에 마음 나누기를 조심하고 또 조심한다. 마음 나누기는 대부분 대화를 통해 이루어진다. 그래서 여자는 말에 예민하고 민감하다. 자신이 듣고 싶은 말을 들으면 친밀함을 느낀다. 여자에게 성적 친밀감은 말을 통해서 마음으로, 마음의 느낌을 통해서 몸으로 전달되어 생겨난다. 그래서 말을 함부로 하는 남자, 자신이 좋아하지 않는 말을 하는 남자, 말을 할 때 섬세함이 부족한 남자와는 친밀한 느낌을 갖기 어렵다.

수단으로서의 성

남자는 시각적이고, 여자는 청각적이다. 남자가 아름다운 몸매와 예쁜 얼굴에 집착하는 이유도 이러한 시각적인 성향 때문이다. 여자도 남자의 외모를 보기는 하지만, 남자의 매너와 태도가 더 중요하다. 세련되고 부드러운 남자는 여자가 좋아하는 말을 할 거라고 생각하기 때문이다.

여자는 남자를 만나면 정서적으로 얼마나 가까워질 수 있는지를 본다. 상대방이 얼마나 친절한지, 호감이 가는 남자인지를 본다. 남자와 마음으로 얼마나 연결될 수 있는지를 알아보기 위해서다. 반면에 남자의 정서적 친밀감은 성적 매력과 밀접한 관련이 있다. 성적 매력을 느껴야 가까워지고 싶은 마음이 든다. 친밀감을 느끼는 방식이 다르다.

여자에게 성은 친밀감을 표현하는 하나의 수단이다. 마음이 상하면 성적 친밀감을 잃는다. 그렇기 때문에 여자는 자신이 좋아하는 달콤한 말을 들으면 몸이 반응을 한다. 자신이 좋아하는 좋은 분위기에 있으면 몸이 이완되면서 유연해진다. 성관계를 할 준비가 되었다는 의미다. 여자에게 성은 마음으로부터 오는 친밀한 관계를 표현하는 몸의 반응이다.

남자의 성은 성적 매력을 바탕으로 하기 때문에 성적 매력을 느끼는 여자에게 적극적으로 다가가 여자를 자신의 것으로 만들려고 한다. 이런 남자의 성향 때문에 여자는 남자를 경계하게 된다. 남자가 성적으로 적극적인 이유는 번성을 책임지는 존재이기 때문이다. 자손 번성을 위해 남자는 성적으로 여자보다 더 쉽게 흥분하고, 더 자주 성관계를 할 수 있게 되어 있다. 남자의 이런 성향으로 부부간의 다툼과 갈등이 생긴다.

여자가 성에 대해서 소극적이고 까다로운 이유는 보존을 책임지는 존재이기 때문이다. 여자는 일단 자신이 선택한 남자를 좋게 보려는 성향이 강하다. 좋은 남자여야 보존의 가치가 높기 때문이다. 좋은 남자여야 자녀들도 좋다고 믿기 때문이다. 이런 이유 때문에 여자는 결혼을 하면 남자의 좋지 않은 부분을 고치려고 한다. 잔소리와 지적은 이런 보존 심리 때문에 발생한다. 한 번 선택한 남자에게 목숨을 거는 이유도 여자의 보존 성향 때문이다. 여자의 이런 행동 때문에 남자는 구속당하는 느낌을 받는다. 열등감이 많은 남자는 이런 관계를 견디지 못해서 관계를 단절하거나 여자를 꼼짝 못하게 한다.

10~15번 vs 2~3번

남녀는 성적 흥분의 빈도가 다르다. 여자는 생리적으로 한 달에 2~3번 정도 성적 흥분을 경험한다. 생리 주기와 관계가 있다. 남자는 생리적으로만 보면 한 달에 10~15번 정도 성적으로 흥분된다. 정액의 생성 주기와 관계가 있다. 이처럼 성적 흥분의 빈도에 큰 차이가 있기 때문에, 만일 남녀가 생리적인 주기로만 성관계를 하려고 하면 남자에게 어려움이 생길 것이다. 이런 차이를 메우기 위해서는 생리심리적 또는 생리심리영적인 접근이 필요하다. 남자는 여자의 마음에 신경 쓸 필요가 있다. 여자가 마음으로 자신을 좋아하도록 만들어야 한다. 여자는 좋아하는 마음이 있어야 성관계가 가능하기 때문이다.

여자는 마음과 몸이 연결되어 있다. 그래서 마음이 힘들어지면 금방 소화가 되지 않거나 몸이 굳어진다. 여자는 사랑하는 마음이 생기면, 마음이 몸을 통해 표현되면서 성관계를 할 준비가 된다. 생리적 현상과 심리적 현상이 맞물리면서 여자는 성적으로 남자를 받아들일 준비가 된다. 여자는 사랑하는 남자와는 생리적 주기와 관계없이 성관계를 할 수 있다. 참으로 신비롭다. 남녀 차이로 오해와 갈등이 생기지만, 좋아하고 사랑하는 마음으로 이러한 남녀 차이가 극복된다.

　남자와 여자가 영적으로 같은 방향을 바라보고 있으면 여자는 더욱 몸과 마음이 준비된다. 여자는 같은 방향을 바라보는 남자를 만나면 마치 하나가 된 듯 깊은 친밀감을 느낀다. 여자는 귀한 존재로 대접을 받으면 마음에서부터 따뜻하고 부드러운 느낌을 갖는다. 이런 사랑의 마음은 여자의 몸을 성적으로 준비하도록 만든다. 여자는 귀하게 여겨질수록 성적으로 준비가 된다. 남자는 자신이 살아가는 삶의 방향을 여자와 나누도록 노력해야 한다. 한마디로 여자를 귀히 여기고 한 팀으로 여겨야 한다.

　여자는 몸과 마음이 함께 있다. 몸 따로, 마음 따로가 안 된다. 그러니 남자는 여자의 마음이 상하지 않도록 조심하고, 여자도 자신의 마음이 상하지 않도록 노력할 필요가 있다. 이런 것을 알아야 부부간의 성관계도 선순환으로 흐른다.

4부

"당신이 그런
성격이었다고?"

01

반대 성격 유형끼리
끌린다

서로 몰라도 너무 모른다

부부 관계를 선순환으로 돌리는 방법 중 하나가 상대방의 성격 유형을 이해하는 것이다. 부부라도 서로의 성격 유형에 대해 몰라도 너무 모른다. 그러다가 알게 되면 대부분 깜짝 놀란다. "아니, 당신이 이런 사람이었어?"라는 반응이다.

인간은 누구나 자기만의 고유한 기질을 가지고 태어난다. 여기에 부모와 주변 사람들, 환경의 영향이 더해져 성장하면서 자기만의 독특한 성질을 갖게 된다. 이 독특한 성질이 바로 성격 유형이다. 성격 유형이 다르면 생각하는 방식, 감정을 느끼는 방식 등이 모두 다르다. 감정형은 자신이 느끼는 것을 표현하고, 이성형은 자신이 생각하는 것을 표현한다. 감정형은 말을 할 때 억양의 고저가 많지만, 이성형은 별로 없다. 이성형은 대화할 때 조곤조곤하면서 주제의 초점을 맞추어 얘기한다. 감정형은 그렇게 할 수가 없다. 기분이 확 좋았다가 확 나빴다가 해서 말소리가 커지고 높아지고, 때로는 전혀 예상하지 못한 말을 하기도 한다. 그래서 재미있다.

감정형인 미현 씨는 다혈질에 흥이 많다. 남편은 전형적인 이성형으로 감정 표현 없이 사실만을 말하곤 한다. 그럴 때마다 미현 씨는 답답해서 견딜 수가 없다. 가끔 둘이 함께 차를 타고 가면, 남편은 기다렸다는 듯 "오랜만에 시간이 났는데 얘기 좀 하자"며 대화를 시작한다.

"이제는 노후가 길어져서 우리가 앞으로 살날이 많이 남았잖아? 그러니까 어떻게 하면 애들도 잘 키우고 우리도 잘 살 수 있는지 얘기 좀 해보자고."

"뭘 또 얘기하자는 거야?"

남편이 얘기를 하자고 하면 미현 씨는 짜증부터 난다.

남편 | 난 당신이 애들 학교 보내고 다시 자는 게 문제라고 생각해. 그러니까 오전 시간을 다 버리고 늘어지게 되잖아. 겨우 오후에 정신 차려서 부랴부랴 집안일하고선 장 보니까 저녁이면 피곤해 죽겠다고 하는 거야. 영양제나 약에 의존하지 말고, 근본적으로 당신의 생활리듬을 고치는 방법을 생각해봐.

아내 | 그만 좀 해. 나도 다 알거든. 나 지극히 정상이야. 다른 여자들처럼 쇼핑 다니면서 돈을 펑펑 쓰는 것도 아니고, 잠 좀 자는 게 어때서? 당신은 별거 아닌 걸 심각하게 만드는 재주가 있다니까.

남편 | 얘기를 꺼내면 좀 진지하게 생각해봐. 그러니까 당신이 가끔 아무 생각 없는 사람처럼 느껴지잖아.

아내ㅣ뭐? 이러니까 내가 당신하고 말하기가 싫은 거야. 취조받는 것처럼 숨이 막힌다고! 당신이 무슨 형사야? 그리고 내가 생각이 없다고? 우리 아파트 사람들이 문제가 생기면 다들 나한테 와서 의논하는 거 알기나 해? 당신이나 날 인정 안 해주지.

남편ㅣ여보, 이건 화낼 일이 아니야. 마음을 가다듬고 잘 생각해봐. 지금 당신을 공격하는 게 아니고 공격할 생각도 없어.

아내ㅣ공격하면서 공격할 생각이 없다고? 기가 막혀서! 차 세워. 난 택시 타고 갈 테니까!

이렇게 두 사람의 대화는 풍비박산이 난다. 이성형이 계속 초점을 맞추어서 얘기를 하면 감정형은 도망간다. 도망가거나 딴 얘기를 한다. 피곤하고 괴롭기 때문이다. 그러면 이성형은 성질이 난다. 자기를 무시하거나 존중하지 않는다고 생각한다.

아이러니하게도 감정형과 이성형은 서로를 배우자로 맞는 경우가 많다. 서로 같은 유형끼리는 끌리지 않는다. 감정형은 이성형이 주는 안정감에 끌리고, 이성형은 감정형이 주는 생동감에 끌린다. 감정형은 이성형 중에서도 감정이 다양한 사람에게 끌린다. 감정형은 감정 없이 객관적이기만 한 사람과는 살 수가 없다.

이성형과 감정형이 만났을 때

카를 융(Carl Jung)은 사람의 다양한 성격적 특성을 태도와 기능의 차이로 설명한다. 정보를 수집하고 이를 바탕으로 판단할 때 사람마다 선호하는 방식이 있는데, 그 차이로 성격이 특징지어진다고 보았다. 태도 유형은 관심과 에너지가 자신의 외부에 있느냐 내부에 있느냐에 따라 '외향형'과 '내향형'으로 나뉜다. 기능 유형에는 인식 기능과 판단 기능이 있는데, 외부 정보를 수집하는 인식 기능은 오감을 사용하느냐 육감을 사용하느냐로 분류된다. 오감을 사용하면 감각형, 육감을 사용하면 직관형이다. 수집한 정보를 바탕으로 판단, 결정을 하는 판단 기능은 생각과 감정 중 어느 것을 더 많이 쓰느냐로 구별되어 이성형, 감정형으로 나뉜다.

융의 심리 유형론

		기능 유형			
		인식 기능		판단 기능	
		감각	직관	이성	감정
태도 유형	내향성	내향적 감각형	내향적 직관형	내향적 이성형	내향적 감정형
	외향성	외향적 감각형	외향적 직관형	외향적 이성형	외향적 감정형

이러한 융의 심리 유형론을 바탕으로 심리학자인 마이어스와 브릭스는 성격 유형 검사 도구를 만들었는데, 그 도구가 MBTI[06] 다. MBTI는 융의 8가지 성격 유형에 인식과 판단 기능이 실생활에 적용되어 나타난 생활양식을 보여주는 판단(judgement)과 인식(perception) 유형을 추가하여 16가지 성격 유형을 보여준다.

---

06 MBTI(Myers-Briggs Type Indicator)는 모녀간인 마이어스와 브릭스가 카를 융의 심리 유형론을 토대로 만든 자기 보고식 성격 유형 검사 도구다. 개인마다 태도와 인식, 판단 기능에서 선호하는 방식의 차이를 나타내는 4가지 선호 지표로 구성되어 있다. 이 지표의 조합으로 16가지의 성격 유형이 나누어진다.

MBTI 16가지 유형에 따른 부부 관계를 다루려면 별도로 한 권의 책을 써야 할 정도다. 유형별 특징과 유형별로 부부의 상호작용을 정리하려면 경우의 수가 많아져 아주 방대해지기 때문이다. 그동안 상담실에서 수많은 내담자를 만나보니, 부부 사이에 갈등을 일으키는 커다란 성격 요소가 이성적인 유형과 감정적인 유형이었다. 따라서 이 책에서는 성격 유형 중 감정형과 이성형의 부부 관계에 대해서만 다루고자 한다. 감정형 아내와 이성형 남편, 이성형 아내와 감정형 남편의 좌충우돌 갈등 사례를 소개한다.

02
미리미리
vs 한번에 확!

"미리 말하지 마, 난 한 방에 터지는 게 나아"

20여 년 동안 직장 생활을 하면서 단 한 번도 회사 가기 싫다는 이야기를 하지 않던 승찬 씨. 언제나 회사 일을 즐겁게 열심히 하더니, 지난해 임원 승진 인사에서 누락된 후부터 달라졌다. 회사 그만두고 싶다는 이야기를 입에 달고 살다시피 한다.

"여보, 요즘 실적도 안 좋은데 사장님이 나를 대하는 표정이 영 안 좋아. 승진 안 된 것도 그렇고, 아무래도 그만둬야 할 거 같아."

남편의 성격을 잘 아는 서현 씨는 '저러다 정말 사표라도 내면 어쩌나' 불안하다. "사장님이 부부싸움이라도 하셨나 보지, 머. 신경 쓰지 말아요"라며 겉으론 가볍게 웃지만, 내심 걱정이다. 그러던 어느 날 근무 시간에 남편으로부터 메시지가 날아왔다.

"나이 50에 혼자 산속으로 들어간 우리 선배 알지? 예전에는 '사회생활 힘들다고 그렇게까지 할 건 없잖아'라고 생각했는데, 요즘은 그 마음을 알 것 같아."

서현 씨는 가슴이 덜컥 내려앉았다. 그러면서도 남편이 너무 힘들어하는 것 같아 안쓰러운 마음이 들었다.

"여보, 너무 힘들면 그만둬."

"오해하지 마. 내가 그렇게 하겠다는 얘기는 아니니까."

"당신 원래 '아님 말고' 정신으로 사는 사람이잖아. 최선을 다했는데도 아니면 아닌 거지, 뭐 어쩌겠어?"

서현 씨는 승찬 씨가 회사에서 받는 스트레스를 속속들이 얘기할 사람이 별로 없다는 걸 잘 안다. 그래서 이런저런 이야기를 다 들어주고 있지만, 솔직한 심정은 남편이 그만둘 때 그만두더라도 이런 얘기를 자기한테 안 했으면 좋겠다. 그래서 어느 날 남편에게 물어봤다.

아내 | 여보, 당신이 자꾸 회사 그만둬야 할 것 같다고 하는데 나한테 그런 얘기 왜 하는 거야?

남편 | 당신도 상황을 알아야지. 그래야 내가 어느 날 갑자기 회사를 그만두더라도 놀라지 않지. 미리미리 대비하라고 얘기를 하는 거야.

아내 | 나는 그냥 한 방 맞는 것이 나아.

남편 | 그래? 그럼 놀라지 않겠어?

아내 | 아니야. 매일매일 불안한 것보다 그냥 한 방에 놀라는 게 나아.

서현 씨는 전형적인 감정형, 남편은 전형적인 이성형이다. 감정형은 한

번에 다, 확 얘기하는 스타일이고, 이성형은 계속 이어서 얘기한다.

불안하거나 스트레스받거나

이성형은 계획에 따라 사는 사람이라서 미리미리 이야기한다. 사전에 정보를 충분히 주는 것이다. "내가 언제 그만둘지 모르니 너도 알고 있어라. 우리 힘들어질 수 있으니까 미리 대비해라." 나중에 피해를 적게 하려는 것이다. 승찬 씨는 그게 자기 방식이다. 이성형은 아무것도 모르다가 한 방에 터지는 상황을 두려워한다.

반면, 감정형의 특징은 터지면 터지는 것이다. 터지면 그때 가서 수습을 하면 된다. 이성형 남편이 일어나지도 않은 일을 자꾸 얘기하면 감정형은 스트레스가 쌓인다. 그렇다고 상대방 이야기를 안 들어줄 수도 없다. 서현 씨 입장에서는 남편의 이야기를 들어주자니 마음이 힘들고, 안 들어주자니 남편이 당장이라도 산속으로 들어가 버릴 것 같아 딜레마에 빠진다. 서로의 성격 유형에 따라 딜레마도 달라진다.

이성형은 '미리 대비', 감정형은 '그때그때'의 특징을 보인다. 따라서 미리 대비하는 이성형이 주도권을 가지면 감정형은 스트레스를 받는다. 반면 감정형이 주도권을 가지면 이성형은 불안하다. 언제 어떤 일이 생길지 모르기 때문이다. 닥쳐서 얘기를 하면 미리 대비를 할 수가 없기 때문이다. 어느 유형이 주도권을 쥐고 사느냐에 따라 '불안한 집'이 되느냐, '스트레스받는 집'이 되느냐가 결정된다.

대부분의 부부가 살아가는 방식을 보면, 누군가 한쪽이 권력을 가진다.

권력을 쥔 사람의 마음은 편한데, 상대방은 힘들어진다. 그래서 선순환으로 가려면 소화하는 것이 중요하다. 서현 씨 부부는 아내가 남편의 "언제 그만둘지 모른다"라는 얘기를 받아줌으로써 선순환 관계로 가고 있다. 하지만 아내의 미칠 것 같은 느낌은 해결이 되지 않고 있다. 대개의 부부가 이런 딜레마에 빠져 답 없이 산다.

보통은 시간이 지나면 잊어버리거나, 참거나, 다른 것으로 무마하면서 일시적 매니지먼트(management·관리)를 하고 산다. 부부가 잘 살려면 이런 일을 잘 다뤄야 한다. 그러기 위해선 성장해야 한다. 성장하지 않으면 선순환으로 못 간다. 제일 좋은 것은 부부가 함께 성장하는 것인데, 대체로 한 사람만 성장한다. 그래도 한 사람이라도 성장을 하면 괜찮다. 그러려면 대화가 필요하다.

"여보, 나는 당신이 그렇게 미리 얘기를 해주면 불안하고 힘들어."

서현 씨는 이 얘기를 남편에게 해야 한다. 서현 씨의 성장 포인트는 자기 마음 열다. 그러면 남편은 "아니, 그게 왜 스트레스가 돼?"라고 물을 것이다. 예상치 못한 일이 갑자기 터지면 스트레스를 받는 이성형 남편에겐 미리 얘기해주는 게 스트레스라는 아내가 이해되지 않는다. 그러면 서현 씨 입장에서는 남편이 도대체 자기 마음을 몰라주는 것 같아 속이 더 상할 수 있다. 그럴 때 "내가 지금 당신 때문에 스트레스가 쌓인다고 얘기를 하는데, 왜 쌓이느냐고 물어보니까 스트레스가 더 쌓인다"라고 얘기할 수 있어야 한다. 서현 씨는 이렇게 자신의 마음을 이야기해야 성장할 수 있다.

관계가 선순환으로 가려면 남편도 '왜 이 사람이 이런 말을 하지?'라고 생각해봐야 한다. 자기가 한 말이 아내에게 어떤 영향을 미치고 있는지 눈을 떠야 한다. 아내가 힘들다고 얘기할 때, '왜 스트레스가 쌓여? 왜 그런 것으로 힘들어하지?'라고 자기 방식대로 생각하고 얘기하면 관계는 악순환으로 간다. 본인은 이해가 되지 않지만, 아내가 그렇다고 하면 일단 그 마음을 받아주어야 한다. "그래? 스트레스 쌓이는구나?"라든지 "어, 스트레스 쌓였어?"라고 아내 입장에서 말하는 것이 필요하다. 아내가 "그래, 그랬어. 나 너무 힘들었어"라고 하면 선순환으로 갈 수 있다. 남편의 성장 포인트는 아내의 감정을 인지하고 수용해주는 것이다.

여기에 덧붙여 남편이 "뭐가 스트레스였어?"라고 물으면 아주 좋다. 아내는 남편이 자신의 감정을 알아준 것 자체로 마음이 풀린다. "당신이 내가 스트레스받은 걸 알아주니 고마워"라고 얘기하면서 "내 마음을 더 얘기할까?"라고 물어볼 수도 있다. 이것이 대화다. 이런 대화가 필요하다. 이런 대화를 하려면 부부가 모두 성장해야 한다. 서현 씨는 자신의 감정을 보여주는 성장이 필요하고, 남편은 아내의 감정을 인지하고 수용해주는 성장이 필요하다. 이것이 함께 성장하는 부부다. 서로 의식적으로 노력을 해야 이런 대화를 할 수 있다.

서로 그런 사람이라고 받아들이기

대체로 이성형은 시리즈로 질문을 한다. 이거 물어보고 통과되면 다음 거 물어보고, 다음 거 통과되면 그다음 것을 물어본다. 감정형은 이런 시리즈 질문이 싫다. 한꺼번에 말을 하지 조금씩 얘기하는 게 영 못마땅하다. 감정형은 한꺼번에 말한다. 상대에게 해결책을 달라고 얘기하는 것이 아니라 말을 하면서 스스로 마음이 풀리고 편안해지니 얘기한다. 감정형에겐 결론이 아닌 감정의 해소가 필요하다.

이성형의 성장 포인트는 한꺼번에 다 말하기다. 이를테면 승찬 씨는 아내에게 "나 요즘 두려워"라거나 "나 너무 스트레스받아서 회사 못 다니겠어"라고 한꺼번에 얘기하고 끝내야 한다. 이성형이 이번에 조금, 다음에 조금, 이런 식으로 얘기하면 언제 다음이 나올지 모르니까 감정형인 아내 입장에서는 편치가 않다. 특히 이성형은 계획을 말하지 말고, 감정을 말해야 한다. 이성형이 자꾸 계획부터 말하는 것은 불안을 줄이기 위해서다. 결국 요점은 불안하다는 거다. 불안하다고 솔직히 말하면 되는데, 어떻게든 불안을 줄이려고 시리즈로 쭉 만들어놓고 조금씩 얘기한다. 그래서 감정형에겐 이성형이 쉬운 얘기를 어렵게 하는 사람으로 느껴진다.

감정형이 보면 '저 사람 불안한 거네. 한마디로 불안하다고 하면 될 것을 자꾸 이러면 이럴 것이고, 저러면 저럴 것이다 하고 있네' 싶다. 그냥 "야, 나 회사를 계속 다닐 수 있을지 모르겠다" 혹은 "회사 다니기 힘들어서 죽을 거 같다" 이렇게 말하면 감정형에게는 바로 통한다. 자기감정을 얘기하면 감정형은 금방 알아듣는다. 그래서 바로 받아준다. "그렇다고 죽기야 하겠어? 걱정 마!" 이렇게 말하면 정서적 소통은 끝난다. 감정형 입장에서는 깔끔하다. 감정형에게는 이것이 필요하다. 물론 이런 말을 들으면 듣는 감정형도 불안해서 죽을 것 같을 수도 있다. 당장은 불안하고 두려워도 일단 그것으로 일단락되니 다른 상황으로 넘어갈 수 있다. 이것이 감정형의 특징이다.

승찬 씨는 가끔 서현 씨에게 "너는 사람을 열받게 하는 재주가 있다"며

화를 내곤 한다. 그 이유를 모르고 있던 서현 씨는 여러 번 상담을 받은 후에야 그게 무슨 말인지 알겠다고 했다. "제가 가만히 있다가 한꺼번에 확 지르는 행동을 하니까, 남편 입장에서는 황당하고 화가 나는 거였네요"라고 했다. 재주가 있는 게 아니라 그게 서현 씨다. 승찬 씨는 그동안 아내가 일부러 열받게 하는 행동을 한다고 생각했던 것이다.

이성형이 화가 폭발할 때는 분명한 목적이 있다. 목적이 없으면 화를 폭발시키지 않는다. 승찬 씨는 서현 씨도 그럴 것이라고 생각한다. 다들 상대방이 자기 같을 것이라고 생각한다. 그러니까 유형을 알면 '상대방이 일부러 나를 화나게 하려는 것이 아니라 저렇게 생긴 거구나'라고 이해가 된다. 감정형은 원래 그렇게 생긴 건데 이성형 입장에서 보면 성격 파탄자처럼 보일 수 있다.

승찬 씨도 적응이 되었는지 요즘은 서현 씨가 밑도 끝도 없이 "회사 못다니겠어!"라고 하면 "때려치워!"라고 한단다. 전에는 왜 그러느냐, 무엇이 문제냐, 누구 때문에 그러느냐는 등 시리즈로 질문을 했다. 이제는 발전한 거다. 서현 씨가 "아우, 죽고 싶어!"라고 하면 "그래, 같이 죽을까?" 그런단다. 그러면 끝나는 거다. 감정형과는 이렇게 상호작용을 하면 된다. 남편이 살아가면서 배운 거다.

감정형의 성장 포인트는 일단 터뜨린 다음에 하나씩 얘기하기다. 터뜨리지 않고 얘기하려면 어렵다. "나 죽고 싶어!"라고 확 터뜨리고, 그다음에 "생활비가 너무 모자라", "마이너스 통장도 다 썼어"라고 하나씩 얘기한다. 자기 스타일을 존중하며 말하는 것이다. 감정형은 감정 자체를 터뜨리지 않으면 머리가 작동하지 않는다. 감정 자체를 해소해주고 나서 하나

하나 설명하면 이성형과 대화가 된다. 이렇게 하면 이성형도 당황하지 않는다. 카테고리를 만들어 '아, 저 사람은 일단 터뜨리는 사람이구나' 하고 이해할 수 있으니 말이다.

정리하자면, 감정형이 자신의 방식대로 하되 상대방도 존중하는 방식은 '지르고 말해주기'다. 이성형은 '조금씩 말하지 말고 한꺼번에 말하기, 계획에 감정을 붙여서 말하기'다. "내가 지금 이렇게 말하는 건 불안해서 그러는 거야. 내가 당신한테 자꾸 대비하라고 하는 것은 우리가 어떻게 될까 봐 겁나서야" 이렇게 감정을 더해 말해주기다. 서로 그런 사람이라고 받아들이는 것이 성장이다.

03
팩트
vs 느낌

"내가 접시를 다섯 개만 닦았다고?"

"제 남편은 10년 동안 살면서 설거지를 한두 번밖에 안 해줬는데, 그것조차도 참 기가 막혀요. 어느 날 손님 접대를 끝내고 힘들게 설거지를 하고 있는데 갑자기 '도와줄까?' 하고 묻더니, 접시 다섯 개만 닦고 끝인 거예요. 냄비도 프라이팬도 남아 있는데 손을 딱 씻으면서 '됐지?' 하는데 얼마나 얄미웠는지 몰라요. 차라리 안 해주는 것보다 못하더라고요."

"당신이 얘기하는 건 사실이 아니야. 그래서 당신 말에 신뢰가 안 가는 거야."

2부에서 소개한 미현 씨 가정의 이야기다. 미현 씨는 감정형, 남편은 이성형이다. 두 사람은 대화를 하면서 갈등을 겪는데, 이성형인 남편이 아내가 말을 하면 사실과 다른 것을 일일이 교정하기 때문이다.

아내 | 뭐가 사실이 아니라는 거야?

남편 | 내가 정말 설거지한 게 한두 번밖에 안 돼?

아내 | 그럼 몇 번이나 했어?

남편 | 스무 번도 넘게 했지.

남편은 아내의 '한두 번'이라는 말이 걸려 다음으로 넘어가지 않는다.

아내 | 그랬나? 내 생각엔 한두 번밖에 안 되는 것 같은데…….

남편 | 그리고 내가 접시를 다섯 개만 닦고 말았다고?

아내 | 그래, 그건 확실해!

남편 | 확실하다고? 접시를 열 개도 넘게 닦았는데. 당신은 당신이 해석한
        것을 사실처럼 얘기하고 있잖아.

아내 | 당신이 설거지를 거의 안 했다는 건 사실이잖아.

남편 | 사실이 아니라 당신의 해석이라고. 내가 많이 해주지는 않았지만, 당
        신이 얘기하는 것보다 많이 한 게 사실이야.

남편은 아내가 자신의 해석을 사실이라고 하는 것을 받아들이기 어렵
다. 그것이 왜 해석인지 일일이 알려주어야 하니, 참 피곤하다고 생각한다.

아내 | 어쨌든 당신이 가뭄에 콩 날 만큼 설거지를 해주면서 접시도 몇 개 안
        닦아줘서 기가 막혔다는 얘기야.

남편 | 사실을 틀리게 말을 하니까 당신 말에 공감이 안 돼.

아내 | 당신은 접시가 몇 개인지가 그렇게 중요해?

남편 | 그 얘기가 아니잖아.

감정형은 사실이냐 아니냐보다 자신의 마음에 접수되었느냐 안 되었느냐가 더 중요하다. 감정형은 마음에 와닿은 것만 입력된다. 이성형은 팩트만 접수된다. 그래서 이성형은 감정형이 얘기할 때 자꾸 바로잡는다. 이를테면 이성형은 숫자가 틀리면 브레이크가 걸려서 다음 주제로 넘어갈 수없다. 객관성이 확보되어야 그 얘기가 마음으로 연결된다. 감정형인 아내가 숫자를 얘기하며 전달하고 싶었던 마음은 '그 정도로 안 도와주더라. 그래서 어이없었다'는 것이다. 그런데 이성형은 한두 번이 아니라 스무 번도 더 도와줬다, 닦아준 접시가 다섯 개가 아니라 열 개라며 숫자에 연연하니 대화가 이어지지 않는다.

똑똑함의 기준

이 부부가 선순환의 관계로 가기 위해서는 서로가 배워야 할 것이 있다. 이성형의 강점은 객관성, 합리성이다. 그런데 객관성이나 합리성을 추구하느라 팩트를 확인하면 상대방의 의도나 마음을 못 본다. 감정형이 얘기할 때 이성형은 주의 깊게 듣되, 심각하게 듣지 말아야 한다. 다섯 개라고하는 얘기를 심각하게 듣지 말고 '뭘 얘기하려고 하지?'를 생각하면 된다.

대신 감정형은 디테일을 배워야 한다. 감정형은 접시가 다섯 개가 아니라 열 개인 것을 배워야 한다. 물론 어렵다. 이성형이 수적(數的) 객관성이 맞지 않으면 넘어가기 어려운 것처럼 감정형도 '사실이 아닌 나의 해석'이라고 얘기하기도 쉽지 않다. 다섯 개가 아니라 굉장히 적게 했다고 얘기하면, 이성형에게 브레이크가 걸리지 않는다. 자신의 말이 팩트고 진리라고 하면 객관성이 중요한 이성형은 받아들이기 힘들다. 이러니 이성형 입장에서는 감정형을 '저 사람은 엉터리다, 미성숙하다. 얘기가 안 된다'라고 여기게 된다. 그렇게 카테고리화해버리면 상대방이 다섯 개라고 해도 넘어갈 수 있다. 워낙 그런 사람이니 말이다. 그렇게 접어주면서 얘기는 하지만, 계속 성장시켜야 할 대상으로 본다. 그래서 이성형이 감정형을 가르쳐서 바꾸려고 한다.

그런데 그럴수록 감정형은 힘들어지고 생기가 사라진다. 감정형은 팩트에 상관없이 에너지를 분출하는 사람이다. 상대방이 맞장구를 치면 마음이 풍선처럼 부푸는데, "다섯 개가 아니잖아"라고 팩트를 들이대면 마음이 가라앉고 빛도 꺼지기 시작한다. 그러면 그 빛을 받아 사는 이성형도 힘들어진다. 감정형은 발산해야 산다. 이성형은 대화를 해야 산다. 이성형은 감정형이 이해되지 않는 말을 하면 대화를 할 수 없다.

"이 사람은 내가 똑똑하지 않다는 것을 인정하라고 해요. 내가 똑똑한 척하는 것이 너무 힘들다고 하면서요. 그래서 나도 나름대로 똑똑하다고, 안 그러면 어떻게 사회생활을 하겠느냐고 따지면 자기가 너무 혼란스럽다는 거예요. 저는 남편이 그런 말을 할 때 모욕감을 느껴요."

미현 씨로서는 모욕감을 느낄 만한 이야기지만, 남편으로서는 할 수 있는 이야기다. 남편이 미현 씨와 대화를 하려면 미현 씨가 어떤 사람인지부터 이해를 해야 한다. 그런데 미현 씨는 이야기를 하다가 가끔 버럭 화를 내거나 대화를 중단해버리곤 한다. 남편 입장에서는 이해할 수 없는 데다가, 똑똑한 사람이라면 절대 하지 않을 행동이다. 그런데 미현 씨는 스스로 똑똑하다고 하니 남편 입장에서는 혼란이 생길 수밖에 없다. 미현 씨가 "나는 똑똑하지 않다"고 인정을 하면 똑똑하지 않은 사람으로 카테고리화하여 그에 맞게 말을 할 수 있으니, 남편이 그렇게 말하는 것이다.

그런데 감정형의 똑똑함과 이성형의 똑똑함은 다르다. 감정형의 똑똑함은 센스로 온다. 남들이 미처 깨닫지 못한 것을 감각적으로 안다. 이성형은 개념화해서 연결하는 것을 잘한다. 그러니 이성형이 더 똑똑하고, 감정형이 덜 똑똑한 것이 아니다.

아이들을 보면 감정형의 똑똑함이 어떤 것인지 잘 알 수 있다. 아이들은 자신의 부모에 대해 기가 막히게 안다. 설명은 잘 못하지만 정확하게 안다. 대학원 수업 시간에 학생들에게 자기의 장점, 약점, 맹점을 써 오라는 과제를 내줄 때가 있다. 그러면 일부 학생들은 "맹점은 내가 전혀 모르는 영역인데 어떻게 하죠?"라고 묻는다. 나는 자녀들에게 물어보라고 한다. 아이들은 어른에 비해 감정적이다. 그리고 엄마 아빠에 대한 감이 있다.

사람에게는 개념과 감각이 있다. 개념이 발달된 사람은 감각이 떨어지는데, 그것을 멍청하다고 하면 악순환이 된다. 반대로 감각이 발달된 사람에게 개념이 떨어진다고 하면 악순환이 된다. 자기 기준으로 사람을 대하는 것이기 때문이다. 이성형과 감정형은 각각 인지 지성(cognitive intelligence)과 감정 지성(emotional intelligence)이 발달했다고 할 수 있다. 인지 지성은 생각을 통해서 생기는 지성이고, 감정 지성은 느낌과 감각을 통해서 형성되는 지성이다.

남자는 이성형, 여자는 감정형이 많은 이유

남자도 이성형과 감정형이 있고, 여자도 이성형과 감정형이 있다. 성격 유형은 남녀를 가리지 않는다. 그럼에도 남자에게 이성형이, 여자에게 감정형이 많은 이유는 남녀의 역할 차이 때문으로 보인다. 역할 차이는 유전적·사회문화적 성향을 모두 반영한다. 유전적 성향은 태어날 때부터 남녀가 다르게 태어나도록 프로그램화되어 있다는 의미고, 사회문화적 성향은 사회와 문화의 영향을 받아서 생기는 차이를 말한다.

남자는 구조적으로 번성을, 여자는 보존과 보호를 지향한다. 여성이 아이 젖을 먹일 때 객관적이고 이성적일 수만은 없다. "아가야, 네가 모유 200그램이 필요하구나. 그래, 딱 맞춰서 줄게." 이렇게 할 수는 없다. 젖을 먹이는 행위는 신체적인 필요만 충족시키는 것이 아니다. 젖을 먹이며 엄마와 아기는 접촉이 생기고, 아기에게 보호받고 소속되는 느낌을 준다. 그러니 여자가 감정적이고 정서 중심이 된다. 여자는 센스로 사람 마음을 금방 안다. 이는 생명과 관계가 있다. 가족 안에서 여성의 가장 중요한 역할은 다른 가족들에 대한 정서적 지지다. 자식이 잘못을 해도 엄마는 자녀 편이다. '그래도 내 새끼'라고 돌봐주는 것이 엄마다. 여성들만이 할 수 있는 일이다. 여성은 생명을 잉태하고 낳고 키운다. 남자가 아무리 세상을 호령해도 생명을 낳지는 못한다.

반면에 번성을 책임진 남자는 생각이 많아질 수밖에 없다. 번성은 책임으로 연결된다. 남자는 '어디 가서 무엇을 해서 자식을 먹여 살릴까'를 생각한다. 수렵 시대 때부터 어디 가서, 무엇을 잡을지, 누구와 잡으러 갈지 등을 계획해야 했다. 이렇게 계획을 세우다 보니 이성이 발달하게 된 것이다.

감정형인 여자가 현대 사회에서 살다 보면 인지가 발달한다. 자녀 양육 측면에서는 감정이 발달해야 하는데, 사회생활에 필요한 이성이 더 발달한다. 그래서 본질적으로는 감정형인데 이성형처럼 산다. 사람이 편하게 살려면 성향대로 살아야 하는데, 이렇게 되면 자신의 진가를 잘 발휘하지 못하게 된다. 따라서 감정형은 사회에서 요구받는 행동 양식을 자기 본래 성향과 통합해야 한다.

감정형이 사회생활을 잘하는 방법 중 하나는 감정으로부터 오는 메시지를 정리하는 습관을 들이는 것이다. 느낌을 무시하거나 없애지 말고 메모해두었다가 나중에 연결해보면, 이성형이 갖는 연속적인 사고의 특성을 배워나갈 수 있다. 또 다른 방법은 주변 사람에게 자신의 느낌과 생각을 말하는 것이다. 감정형은 불현듯 뭔가가 생각이 날 때가 많은데, 곧 잊어버린다. 이럴 때 주변에 말을 해두면 나중에 활용할 수 있다. 감정형에게 자신을 정리해주는 사람이 필요한 이유다. 감정형인 사람이 조직의 리더가 되면 메모를 잘하는 이성형 참모가 꼭 필요하다. 이성형은 감정형의 아이디어를 여러 가지로 정리하고 분류하면서 중요한 흐름을 만들어간다.

04
늘 진심
vs 그때그때 진심

"거봐, 늘 말뿐이잖아!"

부부가 선순환으로 가려면, 서로의 성격 유형에 맞게 의사소통하는 방식을 익혀야 한다. 부부가 사소한 대화를 할 때에도 부딪치는 것은 이런 방법을 잘 몰라서 그렇다.

친한 친구 부부를 집으로 초대해 저녁 식사를 마친 30대 상윤 씨, 기분이 무척 좋다. 친구 부부는 집이며 음식이며 아이들에 대해 잔뜩 칭찬을 하고 갔다.

"나는 당신이 하는 말은 다 믿어. 100퍼센트 믿을 수 있어. 집안일도 잘하고, 애들도 잘 키우고. 당신 같은 아내를 얻은 나는 나라를 구한 사람이야."

"당신 오늘 기분 좋네. 그런 말을 들으니 기분은 좋지만, 그래도 100퍼센트 믿는다는 게 진짜야? 내가 신도 아니고."

혜경 씨가 화답을 한다.

"아냐. 나는 당신을 전적으로 믿어."

상윤 씨가 다시 한 번 강조하자 혜경 씨는 마음에 있던 말을 한다.

"그래? 근데 내가 마당 있는 주택으로 이사하자니까 당신 싫어했잖아."

"그건 돈도 모자라고 아파트보다 불편하니까……."

상윤 씨는 멋쩍은 듯이 얼버무린다.

"거봐, 말뿐이잖아. 믿는다며? 그럼 내 말 믿고 단독주택으로 가야지!"

항의하듯 말하는 혜경 씨에게 상윤 씨는 기분이 나빠져 화를 내듯 얘기한다.

"어어, 왜 이래. 당신 칭찬한 것을 가지고 말이야."

혜경 씨는 남편 말에 더 화가 났다.

"나는 정말 단독주택으로 가서 살고 싶어. 그런데 당신 내가 그 말 꺼낼 때마다 건성으로 듣거나 다른 얘기 하고 그러잖아."

거듭되는 아내의 단독주택 이야기에 상윤 씨는 몹시 화가 났다.

"아니, 그 얘기를 왜 또 꺼내는 거야? 이러니까 당신이랑 말을 못 하는 거라고!"

상윤 씨는 자리를 박차며 일어나고 혜경 씨는 "누가 얘기를 시작했는데"라며 남편을 흘겨본다.

이성형 아내 혜경 씨와 감정형 남편 상윤 씨. 감정형은 지금 당장 느끼는 기분으로 대화를 한다. 따라서 상윤 씨가 진심을 얘기한 것은 맞다. 그런데 상황이 달라지면 얘기도 전혀 달라진다. 상윤 씨가 아내를 100퍼센트 믿는다고 한 것은 당시 기분이 그렇다는 것일 뿐, 언제나 아내에 대해 그만큼의 믿음을 가지고 있다는 것은 아니다. 반면 이성형은 100퍼센트 믿는다는 말을 잘 하지도 않지만, 만약 했다면 정말 100퍼센트를 믿는다는 의미다.

"언제 밥 한번 같이 먹자"라는 말을 예로 들어보자. 그때그때 기분에 따라서 쉽게 말하는 감정형은 이런 말을 인사치레처럼 자주 한다. 꼭 밥을 먹자는 뜻이라기보다는 상황이 되면 밥을 먹을 수도 있다는 것이다. 그러나 이성형이 이 말을 하면, 반드시 밥을 먹자는 뜻이다. 밥을 먹으면서 할 말이 있거나 밥을 먹는 것 자체가 중요하다. 이처럼 감정형은 상황에 따라 말을 하지만, 이성형은 의도를 가지고 말을 한다.

이성형은 감정형이 하는 말에 민감하게 반응할 필요가 없다. 얘기는 들어주되 심각하게 듣지 말아야 한다. 감정형은 상황이 달라지면 이야기가 달라진다. 아내를 100퍼센트 신뢰한다는 감정형 남편에게 이성형 아내가 심각하게 반응을 한다. 아내가 "정말이야?"라고 하면 감정형은 지루해한다. 이미 끝난 이야기를 계속한다고 생각하기 때문이다. '나는 이미 무드가 바뀌어 딴 데로 가고 싶은데, 이 사람은 계속 그것을 붙잡고 얘기한다'고 생각한다.

"나는 아내 칭찬한 걸로 얘기를 끝냈는데, 아내는 그때부터 새로운 얘기를 계속하려고 하니 지루하죠. 지루하니까 졸린다고 하면 아내가 화를 내요."

"나는 당신이 그렇게 얘기를 하다 말고 가면 청소하다가 그냥 들어가 버리는 것 같아."

혜경 씨는 아직 감정형과의 소통법을 모른다. 감정형과 소통하려면 상대방이 하는 말에 심각하게 의미를 부여하지 말고, 추임새를 넣듯 따라가 줘야 한다. 감정형이 "너무 좋아" 그러면 "너무 좋아?" 하고, "짜증 나네" 그러면 "짜증 나?"라고 하면 끝이다. 첫 번째 스토리의 이성형 남편 승찬 씨처럼 아내가 "회사 못 다니겠어!"라고 하면 "때려치워!"라고 하고, "아우, 죽고 싶어!" 하면 "그래, 같이 죽을까?"라고 하듯 소통하면 된다.

"그 말을 들으니 좀 이해가 되네요. 이이는 막 화를 내다가도 금방 환하게 웃곤 해요. 감정이 널을 뛰어서 어느 장단에 맞춰야 할지 몰라요. 그래서 이 사람과 함께 사는 게 힘들었는데, 그냥 그런가 보다 넘어가 주면 되겠네요."

그렇다. 남편이 막 화를 내면 "아이고, 무섭다. 무서워" 하고, 막 웃을 때는 "너무 좋다. 당신이 웃으니 너무 좋다"라고 하면 된다. 이렇게 맞춰 주면서 정서적으로 교류하면 된다. 이렇게 하면 선순환이 된다. 이성형은 자꾸 머리로 소통하려고 하는데, 그럴수록 감정형과는 악순환이 된다.

감정형에게는 추임새가 중요하다. "그래, 맞아 맞아"라고 추임새를 넣어주면 신이 나서 얘기를 한다. 반면 이성형은 추임새를 넣으면 "뭐가 맞는다고 생각하느냐?"라고 묻는다. 그리고 대답이 자기가 생각하는 것과 같아야 좋아한다. 감정형은 자기 마음을 나누면 살아난다. 이성형은 목표가 달성되면 좋다. 그래서 감정형과 이성형이 같이 있는 것이 좋다. 이성형끼리 살면 긴장이 되어 못 산다. 감정형끼리 살면 어디로 튈지 몰라 한 사람이 이성형처럼 바뀐다.

이성형이 '뒷북'을 오래 치는 이유

"집안 꼴이 이게 뭐야? 당신 대체 뭐 하는 사람이야? 집에서 밥만 축내는 사람이야? 이러니 내가 밖에 나가서 맘 편히 일을 할 수 있겠어?"

며칠 전 "당신 같은 아내를 얻은 나는 나라를 구한 사람"이라고 했던 상윤 씨. 회사에서 힘든 일이 있었는지 집에 들어오자마자 화를 낸다. 감정형은 좋은 말을 하다가 지치면 더는 좋은 말을 할 수가 없다. 그래서 집에 오면 감정을 폭발시킨다. 이성적이고 합리적인 사람들은 지쳐도 매너 있는, 좋은 말을 한다. 관계를 좋게 하기 위해 립서비스를 하는 것이다. 감정형이 보기엔 하트가 없다고 느껴진다. 좋으면 좋다고 얘기하고 화가 나면 화가 난다고 얘기하는 것이지, 마음을 속이고 겉만 번지르르하게 얘기한다고 생각하는 것이다. 감정형은 지치면 부정적인 말에 하트를 넣어 한다. 좋은 말을 할 때 진심이었듯 그때는 그게 또 진심이다. 그런데 그 순간이 지나가면 끝이다.

그러나 이성형은 얘기를 듣고 나면 그때부터 생각을 한다. '나를 밥만 축내는 사람이라고 생각하는구나'부터 시작해 스토리를 쭉 써 나간다. 뒷북을 오래 친다. 먼저 이 사람이 나하고 살 생각이 있는지 없는지부터 관찰한다. 그리고 두 사람의 히스토리를 데이트 시절 때까지 거슬러 올라가 자신에게 무관심하거나 함부로 대했던 리스트를 만들어 체크한 후, 종합적으로 결론을 내린다. '이 남자는 옛날부터 나를 정말 사랑했던 게 아니구나. 그러니 어떻게 같이 살겠어'라고 생각한다. 어느 날, 이성형 아내가 "내가 그동안 죽 생각해봤는데 우리는 같이 살기 어려운 것 같아" 하면 감정형은 전혀 예상 못 했다가 뒤통수 맞는 느낌이다. 앞에서도 말했지만 이성형은 감정형의 말을 주의 깊게는 듣되, 심각하게는 듣지 말아야 한다. 이성형은 심각하게 들으면 계획을 세우게 되는데, 감정형에게는 그때 그 순간에 이미 끝난 문제일 뿐이다. 그러니 이성형은 뒤늦게 다 끝난 문제를 혼자 고민하는 것이 된다. '그동안 나 혼자 대체 뭘 한 거야?' 하면서 두 번 상처받게 된다.

감정형은 할 말을 바로바로 해버리니 대체로 뒤끝이 없다. 이성형은 할 말을 다 못 한다. 그러니 뒤끝이 있을 수밖에 없다. '뒤끝이 있다·없다'는 '맞다·틀리다'의 문제가 아니라 스타일의 문제다. 그것을 그렇게 가르면 힘을 가진 사람이 맞는 것이 된다. 감정형이 힘을 가지면 이성형에게 '쪼다처럼 뒷북친다'며 비난한다. 이성형이 파워가 있으면 감정형에게 '철없다, 뭘 모른다, 제멋대로다, 미성숙하다'고 비난한다. 파워가 누구에게 있느냐에 따라 상호작용이 달라진다.

그래서 성격 유형을 아는 것이 중요하다. 말하는 방식과 접근 방식의 다름을 이해해야 한다. 서로를 알면 선순환으로 가기 쉽다. '아, 저 사람은 감정형이구나. 그리고 저 사람은 이성형이구나', '감정형은 말을 하고 그것으로 끝이구나. 이성형은 말을 들으면 그때부터 생각을 하는구나'로 이해하는 것이 선순환으로 가는 길이다.

부부싸움 도중에 사라진다면

이성형은 쌓이는 것이 있으면 생각을 한다. 생각한 것을 정리한 후 "그 문제에 대한 내 생각은 이렇다"고 계속 얘기를 한다. 감정형이 그 이야기를 중요하게 받아주면 소통이 되면서 스트레스가 풀린다. 그러나 상대가 받아들이지 않으면 무척 힘들어한다. 그런데 감정형은 중요한 것을 말해줘도 계속 잊는다. 그러면 이성형은 상대방이 자신의 얘기를 중요하게 여기지 않는 것 같아 또 쌓인다.

감정형이 보기에 이성형은 한 번 터뜨리면 속 시원하고 개운할 것을 잔뜩 안고 있는 것 같다. 감정형은 터졌을 때 상대가 도망가면 힘들어한다. 옆에 있는 것이 중요하다. 의미와 설명이 중요한 것이 아니라, 사람이 중요하다. 자신이 화내고 소리 지르고 폭발할 대상이 있다는 사실이 중요하다. 따라서 감정형에게는 대상이 사라지는 것이 가장 큰 형벌이다.

반면 이성형에게는 이유가 있어야 한다. 납득할 만한 이유만 있다면 죽음 같은 큰 이슈도 통과할 수 있다. 서로 건널 수 없는 차이가 있다. 감정형과 이성형이 잘 지내려면 서로에게 이런 큰 차이가 있음을 인정할 수 있어야 한다.

5부

자라온
가정 환경이
그 사람이다

01

결핍을
채워주는 사람

개인마다 가정마다 나름의 라이프 스타일이 있다. 각자 스타일이 다르면 갈등이 생기는데, 서로 타협하면 넘어갈 수 있다. 스타일만으로 크게 문제가 되지는 않는다. 그런데 각자의 스타일이 다른 데서 끝나지 않고, 결핍에서 생긴 판타지와 연결되면 문제가 심각해진다. 평소 좋지 않게 여겼던 부분은 채워지지 않은 욕구와 결핍을 만들어내기 때문이다. 2부의 밥뚜껑 때문에 부부싸움을 한 남편의 이야기처럼 말이다.

차를 타고 이동을 할 때나 여행을 갈 때마다 간식을 찾는 남편이 있다. 교외로 주말여행을 떠나는 승용차 안, 남편이 먹을 것을 찾는다. 아내가 단번에 "없는데"라고 대답하자 남편이 대꾸한다.

"이렇게 먼 거리를 가는데 당신은 왜 먹을 것을 아무것도 준비 안 해?"

"금방 밥 먹고 나왔고, 도착하면 곧 밥 먹을 건데 뭘 준비해?"

"우리 엄마는 1시간 거리만 가도 꼭 간식을 싸 주셨어."

남편은 식사는 조금 하고 간식을 챙겨 먹고, 아내는 세 끼를 맛있게 먹고 간식을 먹지 않는다. 두 사람이 자라온 가정에서 먹는 스타일이 완전히 다르다. 아내가 처음 시댁에 인사를 갔을 때, 조그마한 그릇에 밥을 반만 담아주는 것을 보고 속으로 '이 집은 뭐 이리 인심이 사나워?'라고 생각한 적이 있다. 반면에 남편은 아내의 집에서 고봉밥을 받고는 '아니, 내가 머슴인 줄 아나?'라고 생각했다.

형제들이 일찍부터 도시에 나가 늘 조용한 집안에서 자란 아내. 무서운 할머니 때문에 집에는 손님도 거의 오지 않았다. 결혼 전 예비 시집에 가 보니, 시어머니는 사교적이고 집에는 손님이 많았다. 남편도 사교적이라 친구들이 자주 놀러 왔다. 결혼 전 아내는 이런 점이 아주 좋았다. 자신이 살던 스타일과 달라서 좋았다. 연애는 보통 자기 스타일에서 없는 부분을 충족해주는 사람을 만나서 하게 된다. 판타지는 자신이 살아온 스타일에서 안 좋았던 것, 부족했던 것과 연결되기 때문이다. 채워지지 않은 욕구는 결핍을 만들고, 결핍이 강할수록 판타지도 강해진다.

결혼 후 남편은 예전처럼 집으로 친구들을 데려오기도 했고, 친구 집에 놀러 가기도 했다. 아내도 처음에는 같이 재미있게 놀았지만 나중에는 집으로 돌아가는 시간이 늦어지는 문제로 다투게 되었다. 아내는 결혼 전 친정에서 느꼈던 조용함이나 자신만의 시간을 갖기 어려워 불편해지기 시작했다. 결혼 전에는 좋게만 보였던 것들의 불편한 점들이 부각되면서 판타지가 깨지기 시작한 것이다. 이때 판타지를 유지하려고 하면 갈등이 늘어난다. 판타지를 깨면서 현실에 적응하면 갈등이 줄어든다. 적응하기 싫어하거나 적응하지 못한 채 자신의 것을 주장하기 시작하면 갈등이 심해진다.

살다 보면 '내가 그렇게 싫어했는데 우리 엄마처럼 살고 있구나' 또는 '우리 아버지같이 살고 있구나'라고 느껴질 때가 있다. 앞에서도 말했듯이 부부 관계는 '부모의 부부 관계'가 영향을 미친다. 남자는 자신의 아버지가 엄마에게 했던 대로, 여자는 자신의 엄마가 아버지에게 했던 대로 배우자를 대하게 된다. 그래서 원가족을 살펴보는 것은 현재 나의 부부 관계에 많은 통찰을 준다.

원가족에서 비롯된 결핍을 충족해주는 환상적인 짝을 만났던 두 사람, 바로 그 때문에 갈등하는 부부의 사례를 소개한다. 상황은 달라도 많은 부부가 비슷한 문제를 겪고 있어 스스로 문제를 풀어나갈 수 있도록 심도 있는 상담 내용을 실었다.

02

"나는 이렇게 희생하는데, 당신은……"

남편이 컴퓨터 기기를 사 오다

얼리 어답터(early adopter·남들보다 먼저 신제품을 사서 써보는 사람)인 현철 씨. 토요일에 전자상가에 종일 가 있더니 상자 여러 개를 들고 돌아왔다. 대형 모니터, 마우스, 헤드폰, 키보드, 스피커가 든 상자들이다. 어림잡아도 족히 100만 원은 썼을 것 같다. 자기 돈으로 샀으니 당장 할 말은 없지만 혜리 씨는 영 기분이 좋지 않았다.

"당신 이거 다 게임하려고 사 온 거 아냐?"

"게임은 무슨. 이런 거 모르면 회사에서 바보 돼. 그리고 나 혼자 쓰나? 종현이가 아주 좋아할걸."

혜리 씨는 남편의 이 말에 화가 치밀었다.

"뭐야? 애를 말려도 시원찮을 판에 같이 게임을 하겠다고?"

혜리 씨가 버럭 화를 낸 것은 여러 생각을 하고 있었기 때문이다. 겨울엔

크리스마스에 시어머니 생신이 있고, 김장도 해야 해서 돈이 훅훅 나간다. 게다가 올해는 지난해보다 어머님께 돈을 더 드렸다. 허리띠를 졸라매야 할 상황인데, 남편은 '게임 나부랭이'를 하겠다고 거금을 쓰고 온 것이다. 게다가 아빠란 사람이 아들과 함께 게임이나 할 생각을 하고 있다니…….

성질 같아서는 "당신 미친 거 아냐? 이런 당신을 어떻게 믿고 사냐고!" 라며 소리를 지르고 싶었다. 그러나 그럴 수도 없었다. 남편이 혜리 씨가 소리 지르는 것을 질색해서 자주 싸웠는데, 얼마 전 그러지 않기로 다짐을 했기 때문이다. 정말 미칠 것 같은 마음을 최대한 자제하며 남편에게 물었다.

"당신 도대체 얼마나 쓴 거야?"

"이게 보이는 것만큼 비싸지 않아. 당신도 알잖아, 전자상가에 내 단골 가게 있는 거. 남들보다 반값에 사 왔어."

"그러니까 얼마어치 샀냐고? 말을 해봐!"

그러나 남편은 끝내 대답하지 않았고, 혜리 씨는 더 폭발할 것만 같았다. 들고 있던 키보드로 남편을 한 대 후려치고 싶은 마음을 억지로 누르며 서 있는데, 남편이 한마디 툭 던진다.

"밥 먹자, 여보. 배고파."

이 상황에 밥을 달라는 남편을 보며 혜리 씨는 자신이 세상에서 제일 불행한 것 같은 기분을 느꼈다. '남편이라고 하나 만났는데 왜 저러고 있지? 뭐지?' 이런 마음이 꼬리에 꼬리를 물었다. 혜리 씨는 결국 화산이 폭발하듯 키보드로 자신의 머리를 쾅쾅 내리치기 시작했다.

"여보! 당신 괜찮아? 왜, 왜 그래?"

깜짝 놀란 현철 씨가 혜리 씨의 눈치를 살핀다.

"몰라서 물어?"

혜리 씨는 더 이상 화를 안 내려고 안방으로 들어갔다. 현철 씨가 따라 들어온다.

"여보~ 화 많이 났어?"

어느새 자상한 남편으로 모드가 바뀐 현철 씨가 조심스럽게 혜리 씨를 달랜다.

"여보, 화 풀어. 다음에 돈 생기면 다 당신 가져다줄게. 여왕마마한테 다 갖다 바칠게."

'여왕마마'라는 말에 혜리 씨는 순간적으로 피식 웃음이 났다. 웃고 나니 풍선에 바람이 빠지듯 화가 풀렸다.

미치도록 화가 났던 이유

혜리 씨와 현철 씨 부부는 사실 사이가 좋다. 평소 서로 대화하는 시간도 많은데, 무엇보다 싸우고 나면 대화를 통해 싸움의 원인과 해결책을 찾는 훌륭한 부부다. 그럼에도 매일같이 계속되는 갈등 때문에 힘들어하다 지인을 통해 나에게 상담을 받으러 왔다.

내가 물었다.

"혜리 씨는 그날 왜 그렇게 화가 났던 것 같아요?"

"사실 저도 왜 그렇게 화가 났는지 모르겠어요. 아무튼 화가 나서 미칠 것 같았어요. 그날 밤 남편과 대화를 해봤는데 한 가지는 확실하더라고요.

우리 엄마가 화를 폭발시키면 아버지가 달래주던 모습이 지금 우리 부부와 똑같았어요. 엄마는 아버지께 막 퍼붓고, 아버지는 현철 씨 같은 성격이라 조용히 계셨죠. 남편이 나한테서 가장 싫어하는 것이 난폭한 언어와 행동이에요. 엄마의 폭력적인 모습을 그렇게 싫어했는데, 제가 그렇게 살고 있더라고요."

친정엄마는 동네 해결사 역할을 했다. 동네 아주머니들은 자기 남편이 속을 썩이면 엄마에게 와서 도움을 요청했고, 엄마가 찾아가면 그 집 아저씨들은 꼼짝 못 했다. 밖에서는 그렇게 좋은 일을 많이 했지만, 엄마는 정작 집에 오면 자주 화를 냈다. 부부싸움도 잦았고 혜리 씨와 동생들은 자주 야단을 맞았다. 혜리 씨는 엄마가 무섭고 공포스러웠다.

엄마는 감정이 폭발하면 혜리 씨에게 손찌검을 하기도 했는데, 대부분 납득하기 어려운 이유 때문이었다. 초등학생인 혜리 씨에게 청소를 시키고 나서는 TV 뒤 먼지를 손으로 훑으며 "이거 봐, 이게 청소를 한 거니?"라며 화를 내는 식이었다. 혜리 씨는 정말 엄마가 너무하다는 생각에 가끔은 폭발하기도 했는데, 그럴 때마다 엄마는 더 크게 화를 내곤 했다. 혜리 씨가 엄마와의 관계에서 가장 많이 느꼈던 감정은 분노와 무기력감이었다. 남편에게 화가 폭발하던 그날, 남편을 향해 느꼈던 감정도 바로 그런 감정이었다.

"그런 엄마 밑에서 미치지 않은 게 이상해요. 저는 어렸을 때 엄마 때문에 엄청 상처받았어요. 지금도 엄마에 대한 분노와 애정 중 뭐가 더 많은지 모르겠어요. 남들은 우리 엄마를 존경하기도 했는데, 엄마 본모습을 아는 저는 그럴 수 없었어요."

그러나 혜리 씨는 지금 딱 엄마처럼 살고 있다. 감정이 폭발하면 아무도 못 말릴 정도로 소리를 지른다. 엄마의 폭력성을 그렇게 싫어했는데, 자신도 똑같다는 생각에 혜리 씨는 심한 자괴감을 느끼고 있었다.

"그런데 엄마와 내가 다른 점이 하나 있어요. 저는 화를 내면서도 제 모습을 보고 있거든요. 사실 속으로는 '남편이 도박을 하고 온 것도 아니고 생활비를 쓴 것도 아닌데……'라고 생각했어요. 그래도 그렇게 화가 나더라고요. 왜 그런 걸까요?"

혜리 씨가 진지하게 묻는다.

"그렇게 화가 폭발할 때는 그 사건 자체 때문이 아니라 그 사건과 관련된 생각, 신념이 영향을 끼치는 경우가 많아요. 혜리 씨는 그날 무슨 생각이 들었나요?"

"남편이 참 한심해 보였어요. 김장하느라 돈이 많이 들어갔는데, 크리스마스에 시어머니 생신까지, 제가 허리가 휠 지경이었거든요. 저는 한 푼을 아끼며 살고 있는데 남편이 그러고 있으니 정말 화가 나더라고요."

혜리 씨는 허리띠를 졸라매면서 절약하는 습관이 몸에 배어 있다. 자신에게 들어가는 돈은 아끼며 살고 있는데, 남편이 사지 않아도 되는 컴퓨터 기기에 과한 돈을 쓰고 다닌다고 생각하니 화가 머리끝까지 났다. 화의 깊은 곳에는 '나는 가족을 위해 이렇게 희생하고 있는데 너는 즐기냐?'라는 원망과 억울함이 있다. 한국 사회에서 '희생'이라는 주제가 사라지지 않는 한 가족 갈등, 부부 갈등은 사라질 수 없다.

나는 상담을 하면서 이런 분들에게 자주 질문을 한다. "누가 허리띠를 졸라매라고 했어요?" 이렇게 물으면 대부분 황당해한다. 생전 처음 받아

보는 질문이기 때문이다. 그러다가 나중에는 나한테 화를 내기도 한다. 본인들 생각에도 너무나 당연한 것을 물어보니 어처구니가 없어서다. 나는 혜리 씨에게도 같은 질문을 했다.

"누가 허리띠를 졸라매라고 했나요?"

"네? 아니, 당연히 그렇게 살아야 하는 것 아닌가요?"

혜리 씨도 황당해하며 대답을 하지 못했다.

부모의 싫었던 부분을 더 닮는 모순

혜리 씨는 그날 자신이 불쌍하다는 생각을 했다. 남편이 철딱서니 없이 컴퓨터 기기에 100만 원을 쓰고 배고프다며 밥을 달라고 하는데, '왜 이렇게 살아야 하나' 싶은 생각이 들었다. 그 순간 자신의 존재 자체가 증발되었으면 했다. 사라지고 싶었다. 그런 마음에 키보드로 자기 머리를 쾅쾅 내리쳤다. 타인에게 발산되지 못한 분노가 자신을 해하려는 행동으로 나타난 것이다. 그러면서 자신은 아무것도 할 수 없다고 생각한다. 무기력해지는 것이다.

어렸을 때 엄마한테 맞을 때도 비슷한 느낌이었다. 혜리 씨는 엄마 보는 앞에서 딱 죽고 싶었다. 그러면 엄마한테 복수가 될 것 같았다. 그 정도로 분했지만, 자신은 아무것도 할 수 없다는 생각에 빠졌다.

남편이 전자상가에서 사고를 친 날, 다른 사람들이 혜리 씨의 그 상황을 보면 자신을 동정할 것 같았다. '지지리도 못난 남편과 살고 있는 저 여자는 얼마나 불행할까.' 그렇게 생각할 것 같았다. 혜리 씨의 마음 깊은 곳에는 자신은 불쌍한 사람이라는 생각이 자리 잡고 있다. 가난하고 성질 나쁜 엄마 밑에서 자란 자신이 불쌍한 것이다. 그렇지만 다른 사람들에게 들키고 싶지는 않았다. 동정받는 것은 견딜 수 없기 때문이다. 그래서 '불쌍'이 '분노'로 바뀐 것이다.

이게 '불쌍 멘털리티'다. '나는 희생하면서 당하고 산다' 이런 마음을 갖고 있는 사람들이 굉장히 많다. 이런 사람들은 자신이 잘못했다는 생각은 전혀 하지 못한다. 혜리 씨의 친정엄마도 그랬다. 가난하고 능력 없는 남편을 만나 고생한 자신은 불쌍한 사람이다. 세상에 자기처럼 참으면서 당하고 산 사람은 없기 때문에, 누가 뭐라 해도 자신은 잘못한 것이 없다고 생각한다. 자신의 폭언과 폭행에 가족들이 힘들어해도 자신은 잘못이 없다고 생각했다. 혜리 씨도 마찬가지다. 그래서 '게임 나부랭이'라는 단어가 나온다. 혜리 씨는 남편에게 종종 '꼬라지, 쪼가리'라는 단어를 쓰는데, 여기에는 자기 정당성을 주장하는 마음이 담겨 있다. 상대가 비하되어야 상대적으로 자신이 옳다는 정당성이 생기기 때문이다.

그러나 혜리 씨의 마음 깊은 곳에는 비참한 느낌(feeling of misery)이 있다. 이러한 비참한 느낌을 들키고 싶지 않아서 동정받는 것이 그렇게 싫다. 남편의 모습을 보면서 비참함을 느꼈지만, 이를 인정하지 못해서 남편을 향해 분노가 폭발했다. 혜리 씨가 이렇게 행동할 수밖에 없는 뿌리는 엄마에게 있다. 보통 딸들은 엄마의 삶을 살고, 아들은 아버지의 삶을 살게 된다. 부모의 특정 부분을 싫어했을수록 그 부분을 더 닮게 된다. 보고 자란 것이 그것이니 자연스러운 결과다.

희생으로 둔갑한 이기심

'나는 이렇게 희생하는데, 너는 너 좋을 대로 하고 사는구나!' 자신이 희생했다고 생각하는 사람들은 주변 사람, 특히 가족들에게 심리적인 착취를 행한다. 심리적 착취란 다른 사람을 희생시켜서 자신의 기분을 좋게 만드는 마음의 행위다. 자신을 희생했다고 믿고 있는 아내는 남편을 원망하며 자녀들에게 남편의 흉을 본다. 그런데 자녀가 자기편을 들어주지 않으면 섭섭해한다. 자녀들은 엄마가 기분이 좋지 않으면 불안해서 엄마 기분에 맞춰주려고 노력한다. 돌봄을 받아야 할 자녀들이 엄마를 돌보는 발달적 희생을 하는 동시에 불안이 증가되는 심리적 어려움을 겪게 되는 것이다. 그러나 희생했다고 믿는 엄마는 자신의 심리적 착취를 인식하거나 이해하지 못한다. 설령 알았다고 하더라도 자녀들의 기분에 대해서 별다른 신경을 쓰지 않는다. 자신도 힘들었으니 자녀들 힘든 것은 별것 아니라는 식의 당연하다는 태도를 취한다. 이런 부모 밑에서 자란 자녀는 나중에 부모와 같은 결혼 생활을 하게 된다.

혜리 씨처럼 자신이 희생했다고 주장하면서 상대방에게 그럴 수 있느냐고 화를 내는 경우는 희생을 한 게 아니다. '내가 이렇게까지 희생을 하고 있는데 넌 알아주지도 않는구나. 너는 너 하고 싶은 대로 하는구나. 너는 왜 내가 희생하듯 희생 안 하는 거냐?'라는 분한 마음이 꽉 차 있는 상태다. 이때의 희생했다는 말은 단지 '참았다'는 의미다. 얻고자 하는 것이 있었고 그것을 위해 견딘 것이다. 가족을 위해서였다고 하지만 궁극적으로는 자신이 원하는 것-돈을 많이 버는 것, 성공하는 것 등-을 이루고자

함이었다. 그것을 가족을 위해서라고 둔갑시킨다. 희생으로 둔갑한 이기심이 살아 있는 한, 다른 가족 구성원들과의 갈등은 피할 수 없다. 다른 사람들을 비난하고 불평과 원망 속에 살아간다. 다른 사람들을 힘들게 하고 갈등을 유발한다.

자신이 희생했다고 말하는 사람들은 스스로를 불쌍하다고 생각한다. '나는 참고 희생했지만, 알아주지도 않고 혼자 고생하고 당하기만 했기 때문'이다. 이 사람들은 '내가 왜 불쌍한가?'라는 질문을 스스로 해봐야 한다. 그리고 자신 안의 초라하고 비참한 느낌을 바라보아야 한다. '내가 이 비참한 느낌을 피하려고 그동안 스스로를 불쌍하다고 생각했구나!'라는 것을 인식하며 받아들이면 된다. '나는 그때 초라하고 비참했구나. 힘들었겠구나'라고 스스로를 위로해주고, 그때 그럴 수밖에 없었던 자신과 부모님을 이해하고 받아들이면 거기에서 벗어날 수 있다. 물론 쉬운 과정은 아니다. 그렇다고 불가능한 일도 아니다. 혼자 안 되면 전문가의 도움을 받을 수도 있다. '불쌍 멘털리티'에서 벗어나지 않으면 평생을 그렇게 살다 죽는다. 이러면 주변 사람들, 특히 자식들이 힘들다.

03
남편이
남자로서 좋았던 이유

친정아버지가 엄마한테 그랬던 것처럼

혜리 씨가 남편과 매일 다투면서도 헤어지지 않고 사는 데에는 나름대로 이유가 있다. 혜리 씨가 화를 내기 시작하면 남편이 얼른 분위기를 바꾸기 때문이다. 혜리 씨는 화가 나면 모든 일을 비상사태로 부풀려 큰일로 만든다. 그럴 때마다 남편은 선한 남편, 자상한 남편으로 변신해 아내의 마음을 풀어주려고 한다. 혜리 씨의 친정아버지가 엄마에게 그랬던 것처럼 말이다.

혜리 씨에겐 아버지를 생각하면 떠오르는 장면이 하나 있다.

"결혼 전 남자친구와 헤어지고 나서 한참을 방황하다 집에 갔을 때였어요. 아버지가 '이럴 때일수록 더 예쁘게 하고 다녀야 한다'며 주머니에서 100만 원짜리 수표 한 장을 꺼내 주셨어요. 엄마 몰래 갖고 있던 비상금이었나 봐요. 그 장면은 저에게 너무나 깊이 각인되어 있어요. 그때는 돈 관리를 전부 엄마가 하셨기 때문에 아버지한테는 돈이 별로 없었거든요. 사실 따지고 보면 엄마에게 받은 옷이나 가방이 더 많은데, 그건 하나도 고맙지 않았어요. 엄마한테는 상처를 더 많이 받았으니까요. 그런데 아버지의 그 100만 원은 지금도 뭉클해요. 그래서 요즘 아버지가 '나 뭐 좀 사줘라' 하시면 아무 말도 안 하고 다 사드려요. 생각해보면 현철 씨가 아버지와 비슷한 부분이 있어서 끌렸던 것 같아요. 남편이 엄마처럼 거친 스타일이었으면 내가 도망갔을 텐데, 아버지 같아서 좋았어요. 아마 엄마 같은 기질의 남자를 만났으면 바로 끝냈을 거예요. 둘이 작은 일로 싸우다가도 큰 싸움으로 번져서 깨졌을 거 같아요."

물론 아내가 격하게 화를 내는 상황이 되면 현철 씨도 화가 난다. 그러나 아내가 화가 나서 미치고 있는데 자기까지 화를 내면 두 사람의 관계는 끝이라는 것을 알고 있기 때문에, 현철 씨는 '상담자 모드'로 전환하는 것이다. 일종의 생존 전략이다. 혜리 씨가 남편에게서 가장 좋아하는 부분이다.

혜리 씨가 진정이 되고 나면, 두 사람은 부부싸움의 원인을 찾고자 대화를 한다. 혜리 씨가 왜 그렇게 화가 났는지 분석하는 시간을 갖는 것이다. 이런 시간 덕분에 혜리 씨는 자신에 대해 많이 알게 되었다고 한다.

조금 괜찮은 부부는 상대방의 화를 달래주는 매니지먼트를 하며 산다. 안 괜찮은 부부는 서로 화가 난 상태로 있다가 시간이 지나면서 괜찮은 것처럼 산다. 그러다가 똑같은 문제로 싸우고 흐지부지되는 패턴을 반복한다. 부부싸움 후 대화까지 하는 부부는 정말 훌륭한 부부다. 부부에겐 이런 시간이 꼭 필요하다. 이런 시간이 없으면 서로 개선이 안 된다. 서로 관리만 하고 끝난다.

결혼 전 장점이 결혼 후 단점으로

혜리 씨의 판타지 중 하나는 선하고 차분하고 조용하고 자상한 이미지의 사람(특히 남자)이다. 걸핏하면 화를 폭발시키는 엄마 때문에 이런 판타지가 생겼고, 그런 엄마를 달래주는 아버지라는 모델이 있어서 판타지가 강화되었다. 자신이 폭발할 때 같이 폭발하지 않고 차분하게 달래주면서 하나하나 설명해주는 사람, 혜리 씨의 판타지를 남편이 채워주고 있다.

"정신과 의사도 아니고 상담가도 아닌 사람이 제가 화를 내는 상황에서 어쩌면 그렇게 순간적으로 모드가 딱 바뀌는지 모르겠어요. 제 남편이지만 정말 훌륭하다고 생각해요. 이런 자상하고 세심한 부분이 좋아서 결혼을 했어요. 그런데 같이 살아보니까 이 사람 아주 깐깐한 데가 있어요. 집요하게 긁은 데 또 긁고 쪼잔한 면이 있는데, 그건 정말 싫어요. 요즘은 이이가 계속 저에게 꼬장꼬장하게 구는 것 때문에 싸워요."

그러자 현철 씨가 얘기 중간에 끼어들었다.

"당신 또 그렇게 생각하고 있네. 그게 아니라……."

"당신 훈장질 좀 고만해! 난 당신의 학생이 아니야!"

혜리 씨가 신경질적으로 반응을 해도 남편은 자신의 할 말을 멈추지 않았다.

남편 | 여보. 모르는 건 배워야 돼.

아내 | 당신은 너무 잘났어.

남편 | 난 당신이 고쳐야 할 점이 있다고 생각해. 그걸 고쳐서 나와 동급을

만들고 싶어.

아내 | 뭐라고? 나는 이미 당신과 동급이야.

현철 씨와 혜리 씨는 내가 앞에 있다는 사실도 잊어버리고 자신들의 대화를 하고 있었다.

남편 | 내가 말하는 동급은 당신이 버럭 화를 내지 않는 동급, 사고력의 동급을 말하는 거야.

아내 | 그건 당신이 이미 나보다 높다는 거잖아. 이게 바로 어마어마한 교만이라는 거야. 나한테 훈장질하지 말라고. 당신이 나보다 위에 있는 게 아니라 다를 뿐이야.

남편 | 내가 교만하다는 거, 인정할 수 있어. 그렇다고 해서 당신이 나와 동급이 되는 건 아니야. 내가 동급이라는 거는 건강한 심리 상태의 동급을 원하는 거야, 여보.

아내 | 에잇, 네가 온 별로 가버려~.

남편 | 나는 당신의 표현이 과하면 불안해. 우리 아버지는 감정 표현을 안 하시는 분인데, 나도 아버지를 닮았어. 그런데 감정을 꾹꾹 누르며 참는 뒷면에 뭐가 있는 줄 알아? 감정이 나타나면 위험하다는 거야. 내 마음속에는 엄청난 감정의 소용돌이가 있는데, 그것이 밖으로 나오는 순간 사고를 일으킬 것 같아 불안해.

더 이상 남편을 말로 이길 수 없을 때 혜리 씨가 하는 말이 "네가 온 별로 가버려"다.

불붙은 성냥갑 같은 혜리 씨와 달아오른 무쇠솥 같은 현철 씨. 두 사람은 성격 유형도 다르지만 자라온 집안 문화도 다르다. 혜리 씨는 금방 화를 내고 말도 험하게 하지만, 사실 무서운 사람이 아니다. 현철 씨는 웬만해선 화를 내지 않는다. 참을 수 있을 때까지 참다가 더는 참을 수 없으면 화를 내는데, 그때는 아무도 못 말린다. 달아오른 무쇠솥엔 손을 가져다 대기만 해도 데는 것과 마찬가지다.

지금 두 사람의 싸움은 결핍에서 판타지가 생기고, 그 판타지를 채워줄 사람을 만나 결혼하고, 나중에 바로 그 부분이 힘든 부분이 되는 패턴을 아주 잘 보여주고 있다. 혜리 씨는 자신이 화를 주체할 수 없는 비상사태일 때 현철 씨가 자상하고 스마트한 모습을 보여주는 것이 좋다. 그러나 평상시에는 오히려 그런 모습이 깐깐한 면으로 나타나 숨이 막히게 한다. '자상함'으로 결핍된 부분을 채워줄 때는 좋지만 '깐깐함'은 싫다는 것인데, 이 두 측면은 분리될 수 없는 현철 씨의 특성이다.

혜리 씨의 판타지 ─ 항상 자상하게 돌봄을 받고 싶어 하는 마음 ─ 는 현철 씨를 통해 부분적으로 채워지고 있다. 현철 씨는 어린 시절 결핍 ─ 지독한 외로움─에서 생겼던 판타지를 현실화하기 위해 '최고의 부부'가 되겠다는 소망을 갖게 되었다. 그리고 부부싸움 후 '왜 화가 났는지, 왜 싸웠는지' 대화를 통해 원인을 찾는 노력으로 판타지를 현실화하고 있는 중이다.

판타지에는 긍정적인 면이 있다. 긍정적인 판타지가 현실과 맞닿으면 그때는 희망이자 비전이 된다. 판타지가 꿈, 희망으로 바뀌면 반드시 이루어지지 않더라도 살 수 있다. 혜리 씨 부부는 판타지를 어느 정도 이루면서 살고 있는 드문 사례다. 판타지가 이루어지면 뿌듯하고, 희망이 생긴다. 사람은 이런 것 때문에 살아갈 수 있다.

04
아내가
여자로서 좋았던 이유

튀는 행동으로 열등감을 커버한 어린 시절

    교육열이 높았던 현철 씨 어머니는 아들을 사립 초등학교에 입학시켰다. 그런데 그 학교에서 현철 씨는 초라했다. 현철 씨도 결코 가난하지는 않았지만, 그 학교에 다니는 아이들은 부잣집 아이들이 대부분이었다. 한번은 현철 씨가 친구 생일잔치에 초대되어 간 적이 있었다. 그 집 식탁 위에 오른 반찬들은 하나같이 맛과 모양이 특별했는데, 평소에 현철 씨가 구경도 해보지 못한 음식들이 많았다. 그 친구 집에서 나와 집으로 돌아온 현철 씨는 마치 자신의 집이 흥부네 집처럼 가난하게 느껴졌다. 아이들 도시락은 현철 씨가 매일 먹는 도시락이나 소풍 가서 먹는 도시락과도 달랐다. 현철 씨는 그 시절의 자신에 대해 "잘하는 것이 없었다. 글짓기를 잘하는 것도 아니고, 발표를 잘하는 것도 아니고, 미술이나 체육도 뭐 하나 특출한 것이 없었다. 그렇다고 얼굴이 잘생기지도 않았다"고 했다.

현철 씨는 초등학교 6학년 내내 열등감에 힘들었다. 스스로 굉장히 뭔가 부족하다는 느낌이 들었다. 친구들과 비교하면 항상 질 수밖에 없는 조건이라고 생각했다. 그래서 현철 씨는 판타지를 키웠다. '나는 특별한 아이다, 나는 4차원의 아이다, 나는 도인이다' 이렇게 심리적으로 자신을 보호했다. 그래서 행동도 도사처럼 했는데 그게 지금까지도 남아 있다. 내가 하는 초월상담학에서는 이를 '범주 이탈'이라고 한다. 자신이 살고 있는 현실을 떠나 상상의 세계로 가서는 그 속의 자신을 실제의 자신처럼 여기는 상태다. 상상과 판타지의 차이는 현실감이다. 상상의 나래를 펴다가도 현실을 보면서 '아, 이게 아니지' 하고 돌아오면 상상이다. 판타지에 빠지면 상상의 세계를 현실처럼 여긴다. 현실이 눈에 들어오지 않는다.

이런 현실감 없는 상태는 다른 사람들에게는 괴상하고 기이한 느낌을 준다. 현철 씨는 대학 시절 옷을 튀게 입고 다니는 것을 좋아했다. 다들 현철 씨가 미대생인 줄 알 정도였다. 게다가 행동도 특이했다. 다른 사람의 시선을 신경 쓰지 않는 행동을 자주 해서 친구들은 기인이라고 놀렸다. 현철 씨가 의도한 대로였다.

S대학을 다니는 현철 씨였지만, 초등학교에서의 상처를 극복하지 못했다. 일반적으로 가면 자신이 불리하니까 어디서든 튀는 행동을 한 것이다. 현실을 그대로 받아들이면 너무 아프니까 '나는 현실을 초월한 도사'라는 상상을 하면서, 이것을 현실로 받아들여 우월감을 느끼고 싶어 한 것이다. 결국 남다른 행동과 생각은 열등감을 커버하기 위한 도구였다.

혜리 씨의 자기방어는 스스로를 불쌍한 사람으로 여기는 것이다. 마음속에서 올라오는 초라하고 비참한 느낌을 느끼지 않으려고 '나는 불쌍하다'로 가린 것이다. '나는 초라하고 별 볼 일 없는 사람'이라는 생각이 주는 고통이 '나는 불쌍한 사람'이라는 생각이 주는 고통보다 더 크다. 초라하거나 별 볼 일 없는 사람은 무시당하지만, 억울하고 불쌍해 보이는 사람은 누구나 인정해준다. 위로도 해주고 잘 대해준다. 초라함을 느끼지 않으려고 자신을 불쌍히 여기고 이것을 감추려고 분노로 간다. 마음에서 은밀하게 일어나는 일이라 본인도 의식 못 하는 경우가 많다.

우월감을 느끼게 해주는 그녀

늘 최고의 부부로 살고 싶어 하는 현철 씨. 이 판타지는 어떻게 생긴 것일까? 현철 씨의 부모님은 큰 소리를 내며 싸우지는 않았지만, 사이가 별로 안 좋으셨다. 엄마는 항상 현철 씨에게 아버지가 무엇을 하고 있는지 알아보라고 시킴으로써 아이를 부모의 갈등에 끌어들였다. 엄마는 늘 현철 씨에게 "너는 엄마 마음 아프게 하면 안 된다. 공부 잘하고 훌륭한 사람이 돼서 엄마가 이렇게 힘들게 산 것을 다 보상해주어야 한다"고 얘기하곤 했다. 현철 씨는 그런 엄마가 불쌍하기도 하고 부담스럽기도 했다.

현철 씨가 혜리 씨를 만났을 때, 혜리 씨는 엄마로부터 벗어날 길을 모색하고 있었다. 현철 씨는 아내의 삶에 구원자로 등장했다. 대체로 이렇게 만난다. 구원자 남자와 집에서 떠나고 싶어 하는 여자가 만난 것이다. 혜리 씨는 봉사활동에 갔다가 현철 씨를 만났는데, 그가 구원자처럼 보였다고 했다. 불쌍 멘털리티를 가진 사람들은 누가 나에게 도움을 줄까에 아주 민감하다. 불쌍한 사람들의 특징이다. 그렇게 관계가 시작되었다.

현철 씨는 왜 구원자 역할을 할까? 이것이 다 삶의 역사와 연결이 된다. 내가 모자란 사람, 멋진 생일상을 받지 못하는 사람이라는 열등감을 해결하는 방법 중 하나가 남들과 달라지기, 도인 되기, 기인 되기다. 도인들이 주로 하는 일이 구원해주고 보살펴주면서 "너는 내 말을 들어라"로 연결이 된다. 그렇게 심리적 우위를 느끼면서 열등감을 해소한다. 구원자들은 가난한 사람, 약자들, 도움이 필요한 사람들을 도와주면서 '나는 당신보다 나은 사람, 우월한 사람'임을 확인한다.

그래서 현철 씨와 혜리 씨는 딱 맞는다. 구원자와 불쌍녀의 결혼이다. 반대인 경우도 있다. 사고 치는 남자와 구원하는 여자. 이런 경우에는 남자가 술 마시고 정신을 잃고 있으면 돌보는 여자를 만난다. 여자가 남자를 보살펴주면서 애틋하게 느껴 결혼에 이른다.

이렇게 관계가 시작되어 평화롭게 유지되는 기간은 1~3년이다. 그 시간이 지나면 불쌍녀인 혜리 씨는 자신이 하녀처럼 살고 있다는 사실을 깨닫고 현실에 눈을 뜬다. 잠에서 깨고 판타지에서 깨어나면, 남편이 구원자가 아니라 자신을 힘들게 하는 지배자로 보인다. 통제자 남편을 말로는 이길 수 없다. 그러면 아내는 어렸을 때 익숙하게 보아왔던 방법을 동원하게 된다. 엄마가 했던 것처럼 한꺼번에 폭탄을 터뜨려 상대방을 무력화시킨다. 이러면 현철 씨는 속수무책이 된다. 지금 현철 씨와 혜리 씨가 이 싸움 중이다.

구원자와 불쌍녀가 원수가 아닌 친구가 되기 위해서는 시간이 꽤 필요하다. 물론 많은 노력도 필요하다. 구원자는 불쌍녀를 구원하지 말고 있는 그대로 두어야 한다. 물론 구원자가 불쌍녀를 불쌍한 채로 그냥 두는 것이 쉬운 일은 아니다. 구원자 본인의 주제에 걸리기 때문이다.

사실 불쌍녀가 불쌍해 보이는 느낌은 구원자의 시각이다. 현철 씨는 사실 자신이 너무 불쌍하고 불행하다고 느끼니까, 아내가 불쌍녀가 된 느낌을 견디기 어려운 것이다. 현철 씨는 혜리 씨를 구원할 것이 아니라, 자신의 비참한 느낌을 들여다보면서 이를 수용해야만 한다. 그래야 구원자 역할을 멈출 수 있다.

혜리 씨는 자신이 '불쌍녀'가 되어 무엇을 얻으려고 하는지 살펴보아야 한다. 많은 불쌍녀들이 자신이 상대방을 조종하고 있음을 인식하지 못한다. 불쌍녀는 약해 보임으로써 상대방의 동정심을 자극한다. 자신의 마음 속에 있는 분노, 화, 불안을 불쌍한 느낌으로 위장하는 것이다. 불쌍한 느낌은 표면감정이지만 불안, 분노, 화는 이면감정이다.[07] 그리고 불쌍녀들의 마음 더 깊은 곳에는 자신이 비참한 사람이라는 생각과 느낌이 숨어 있다. 이러한 주제들이 해결되지 않으면 불쌍녀는 자신을 위장하면서 상대방을 조종하는 삶을 멈추기 힘들다.

뿌리 깊은 개인사가 부부 갈등으로

혜리 씨가 그날 자신도 이상할 정도로 화가 난 이유는 스스로를 불쌍히 여기는 마음 때문이었다. 엄마와 분화되지 못한 채 엄마의 삶을 반복하고 있는 혜리 씨 자신의 문제인데, 이를 한심한 남편 때문이라고 착각하고 있

---

07 표면감정의 이면에는 진짜감정이 숨어 있다. 그러나 표면감정이 가짜감정이라고 해서 잘못된 감정은 아니다. 김용태, 『가짜감정』

다. 혜리 씨가 현철 씨 아닌 다른 남자와 살아도 마찬가지의 상황이 벌어 질 것이다. 남편 외의 다른 사람과의 관계에서도 그렇다. 스스로 불쌍하다는 느낌이 들 때마다 혜리 씨는 상대방에게 화살을 돌리고 상대방 탓을 할 것이다. 남편이 아닌 자신의 원가족에서 생긴 내면적 문제임을 인식하고 자신을 바라보는 것이 혜리 씨 문제 해결의 시작이다.

초등학교 시절 열등감을 많이 느낀 현철 씨는 이를 극복하기 위해 스스로 도사인 체한다. 그는 구원자를 필요로 하는 불쌍녀를 만나 결혼을 했는데, 부모와의 관계에서 느꼈던 외로움을 보상받고자 '최고의 부부'로 살고 싶은 마음이 커졌다. 자기 혼자 어떤 부부상을 정해놓고는 혜리 씨에게 그런 모습에 부합하라고 강요하면서 갈등을 만든다. 혜리 씨와 현철 씨의 갈등은 개인사적인 부분에 근거하고 있다. 물론 남녀 차이, 개인의 성격 유형의 차이도 작용을 하고 있다. 현철 씨는 이성형, 혜리 씨는 감정형으로 감정형과 이성형의 차이는 4부에서 다루었다.

개인사의 문제는 대체로 뿌리가 깊다. 어린 시절부터 만들어진 역사이기 때문이다. 역사는 많은 경우에 현재 자신의 삶이나 세계관, 사물을 이해하는 관점의 근본이 된다. 자신의 개인사를 보려면 기억할 수 있는 가장 어린 시절부터 시작해서 아동기, 청소년기, 청년기, 장년기에 어떤 삶을 살아왔는지 들여다보도록 한다. 특별히 떠오르는 사건이나 장면이 있으면 그때 자신이 어떤 감정이었는지, 그 감정은 어디에서 왔는지, 누구에게서 비롯된 것인지 생각해본다. 부모님에 대해서는 무엇이 기억나고 어떤 마음이었는지도 떠올려보자. 혜리 씨, 현철 씨의 케이스에 자신을 대입해서 생각해보면 도움이 될 것이다.

이런 작업은 시간이 걸리고, 때때로 고통스러울 수도 있다. 이미 지난 일인데 기억해서 뭐하나 하는 생각이 들 수도 있다. 맞는 말이다. 자신이 살아온 역사적 경험을 바꾸지는 못한다. 그러나 나의 삶의 역사를 직시하고 도전하면, 그로 인해 만들어진 생각과 신념, 느낌, 감정, 관계 등은 바꾸어갈 수 있다. 사람은 변하지 않는다고 말하는 사람이 많지만, 원하는 만큼 변하지 않아서 그렇지 노력하면 변한다. 사람은 변할 수 있다. 변하지 않으면 생명체가 아니다.

나는 부부 상담을 통해 많은 부부를 변화시켜왔다. 처음에는 자신들의 악순환적인 모습을 말하는 것조차 힘겨워하던 부부도 많았다. 자신은 변하고 있는데 상대방은 꿈쩍도 안 한다고 좌절하던 부부들도 있었다. '이렇게 사느니 차라리 헤어지고 말지'라며 자조적이었던 부부도 많았다. 그러나 이들 모두 처음에는 가능할 것 같지 않았던 변화를 끝내 이루어냈다. 자신의 삶을 들여다볼 때마다 고통스러워하고 힘겨워했지만, 그 긴 고통을 견디고 이겨냈다. 모든 생명체는 변화하면서 그 생명력을 이어가는 존재다.

6부

누가 주도권을
줄 것인가

01

권력을 잡으면
친밀함을 잃는다

어딜 가든 두 사람 이상이 모이면 '누가 결정권을 가질 것인가'라는 권력 이슈가 생긴다. 사람에겐 누구나 내 마음대로 하고 싶은 욕구와 내 방식대로 일이 진행되기를 바라는 마음이 있다. 상대보다 우위에 있고 싶은 마음도 있다. 일상을 함께하는 부부 관계는 정치적으로 보면 권력 관계다. 대체로 부부 중 한쪽이 권력을 쥐고 산다. 남편이 힘이 세면 남편 중심으로, 아내가 힘이 세면 아내 중심으로 간다. 부부가 서로 다른 생각을 할 수 있음을 인정하지 않으면 더군다나 힘센 자의 생각이 지배하는 권력 관계로 간다.

우리는 어렸을 때부터 역사적으로 문화적으로 '우리는 하나'라고 배워 왔다. 결혼하면 '부부는 하나'라고 하며 산다. 이렇게 '부부는 일심동체'라고 생각하면 반드시 주도권 싸움을 하게 된다. 엄연히 둘인데 하나로 살려고 하니까 누구의 의견으로 하나를 만들 건가라는 문제가 대두된다.

현대 사회에서 부부 사이의 주도권은 돈, 명예, 배경, 지식, 자존감 등과 연결되어 있다. 돈을 많이 벌거나 원가족에서 돈을 많이 지원받은 쪽이 권력을 잡기 쉽다. 신혼집이나 혼수 문제로 처가나 시집과 갈등하는 경우가 많은 것도 돈과 관련한 주도권 다툼으로 볼 수 있다. 사회적 지위가 높거나 학식이 높은 쪽도 권력자가 되기 쉽다. 이외에 심리적으로 힘이 센 사람이 주도권을 갖기도 한다. 합리적인 사람이 합리성을 내세워 주도권을 가질 수도 있다. 또한 지나치게 자기중심적이거나 심리적인 장애가 있는 사람이 주도권을 가질 수도 있다. 이들은 배우자를 자기 마음대로 하려고 해서 상대를 고통스럽게 만든다. 권력을 잡는 또 다른 방법은 희생과 헌신이다. 경제적으로 집안을 일으키거나 집안의 평화를 위해 큰 희생을 한 사람이 그 희생을 바탕으로 권력을 독점하기도 한다. 희생을 무기로 가족을 자신의 뜻대로 이용하는 경우에 대해서는 5부 혜리 씨의 사례에서 다루었다.

부부 관계에서 권력이 한쪽에 집중되면 둘 사이의 친밀함을 잃을 수 있다. 파워를 추구하는 사람은 파워 대상자와 심리적 거리를 둔다. 파워는 영향력이고, 영향력은 심리적 거리가 있어야 발휘할 수 있기 때문이다. 따라서 가정에서 한 사람이 권력을 독점하면 상대 배우자는 마음에서 거리감을 느끼게 된다. 권력자는 권력을 행사하며 존중받기를 원하고 이에 더해서 사랑도 원한다. 하지만 거리감을 느끼는 배우자는 마음에서 우러나오는 존중과 사랑을 할 수 없다.

이처럼 권력을 독점하면 배우자와 친밀한 관계를 상실할 뿐만 아니라, 나중에는 권력에 눌린 사람에게 복수를 당하게 된다. 권력에 눌린 사람이 끝까지 눌리는 법은 없다. 주로 상대의 힘이 빠질 때까지 기다렸다가 복수를 한다. 그 대표적인 예가 평생 남편에게 눌린 여자가 황혼 이혼을 선언하는 것이다. 친밀한 관계를 상실하고 나중에는 복수까지 당하는 권력 독점, 선순환의 부부 관계를 위해서는 반드시 피해야 하는 일이다.

02

젠틀맨이 먼저냐,
레이디가 먼저냐

다들 부러워하는 남편이지만

남들이 모두 부러워하는 40대 후반의 부부. 대학교수인 남편은 자상하고 아내는 활달하다. 방학이면 함께 국내외로 여행도 다니고, 지인들을 집으로 자주 초청하여 식사도 한다. 겉으로 보기엔 남부러울 것 없는 부부인데, 아내 정아 씨는 남편이 너무 피곤하게 한다며 상담실을 찾아왔다.

그녀가 처음 꺼낸 말은 "저는 제가 아내로서 존중받고 있다는 느낌이 들지 않아요"였다. "남들은 우리가 굉장히 사이가 좋은 줄 아는데, 사실 그렇지도 않아요. 남편은 자기가 해주는 것이 많으니까 당연히 자기도 받아야 한다고 생각하는 부분이 있어요."

정아 씨는 얼마 전 부부 동반 여행을 다녀온 이야기를 들려줬다. 식사를 한참 전에 마친 정아 씨에게 남편이 갑자기 생선을 발라달라고 했다. 같이 식사를 하던 일행 중 한 명이 장난치듯 "에이, 아이도 아니고. 혼자 발라

드세요"라고 했지만, 남편은 들은 척도 하지 않았다. 결국 정아 씨는 젓가락을 새로 가져다가 생선을 발라줘야 했다.

그뿐만이 아니었다. 식사 후 야외 벤치에 앉아 있는데, 남편이 정아 씨를 툭툭 치며 커피를 사 오라고 했다. 커피숍이 있는 건물까지는 한참을 걸어가야 한다고 말했지만 남편은 "왜, 가기 싫어?"라고 물을 뿐이었다. 정아 씨는 자리에서 일어날 수밖에 없었다.

"커피를 사 오면서 마음이 영 좋지 않았어요. '내가 지금 뭐 하고 있는 거지?' 싶더라고요. 남편이 당연한 듯 요구하는 것에 정말 피곤하다는 느낌이 몰려왔어요. 남편은 그걸 일종의 애정 표현이라고 생각하는 것 같아요."

"당신은 젠틀맨하고 살고 싶어?"

옆에서 듣고 있던 남편 영석 씨가 불쑥 끼어들었다.

"글쎄……, 난 자상한 남편과 살고 싶어. 당신은 다른 사람들하고 있을 때는 엘리베이터 버튼도 누르고 있던데, 우리끼리 있을 때는 내가 다 하잖아. 장거리 운전도 다 내가 하고."

"엘리베이터는 당신이 먼저 타버리니까 잡아줄 일이 없어. 그리고 운전석에도 당신이 먼저 앉잖아. 젠틀맨이 있으려면 레이디가 있어야 하거든."

"내가 레이디가 아니라고?"

부부는 전형적인 악순환 대화를 하고 있다. 악순환 대화에는 상대가 무슨 말을 하는지 전혀 이해하려 하지 않고 자기 말만 하는 사람이 있다. 지금 정아 씨는 남편의 요구에 느꼈던 거부감에 대해서 이야기하고 있는데, 영석 씨는 거기에 대해서 아무런 반응도 보이질 않는다. 대신 "젠틀맨이 있으려면 레이디가 있어야 한다"고 말한다. '내가 젠틀맨이 아닌 것은 당신이 레이디가 아니기 때문'이라는 뜻이다. 문제의 책임이 정아 씨에게 있다는 것이다. 이렇게 말하면서 영석 씨는 "내가 생각하는 것에 네가 맞춰"라는 얘기를 하고 있다. 왕 노릇을 하고 있는 것이다. 이렇게 되면 정아 씨의 이야기는 사라지고, 정아 씨가 레이디인지 아닌지를 가리는 공방으로 가게 된다. 대화의 주도권이 영석 씨에게로 넘어간다.

대화의 주제는 오로지 자기 관심사뿐

나는 영석 씨에게 "아내가 말하는 젠틀맨이 뭔지 아세요?"라고 물었다. 영석 씨는 모른다고 했다. 왜 모르는데 물어보지 않느냐고 하니 일반적인 개념으로 이해하기 때문이라고 했다. 이건 영석 씨의 생각이다. 아내의 말이 자기 생각과 같은지 확인해봐야 한다. 상대의 말이 무슨 뜻인지 잘 알지 못하면서도 물어보지 않는 그 자체가 아내를 레이디로 취급하지 않는 행동이다. 영석 씨는 아내가 레이디가 아니라서 레이디 취급을 하지 않는다고 말하는데, 젠틀맨은 상대를 가리지 않고 모든 여자를 레이디 취급한다. 영석 씨는 아내를 레이디 취급하지 않는 자신이 문제라는 생각은 하지 않는다. 자기 모습은 보지 못하고 아내만 지적하고 있다.

"선순환으로 가려면 아내가 한 말이 무슨 뜻인가를 먼저 물어야 합니다. '당신이 말하는 젠틀맨은 뭐야?' 이렇게 묻는 것이 아내를 레이디 취급하는 겁니다."

"아내는 제가 젠틀맨이 되는 것보다 더 중요하게 생각하는 것이 있다고 생각해요."

영석 씨가 전혀 다른 이야기를 꺼낸다.

"남편은 제가 젠틀맨이 아니라 돈을 많이 벌어다 주는 사람을 원한다고 생각하고 있어요."

정아 씨가 남편의 말을 설명했다.

"그렇죠. 아내가 정말 원하는 건 젠틀맨이 아니라 돈을 많이 벌어다 주는 남편일 거예요. 그러니 이 사람이 젠틀맨을 원한다고 생각하지 않는 거지요."

"그런 얘기를 해주셨어야죠. 말을 안 해주면 어느 누구도 모릅니다."

"모를까요? 우리는 이런 식의 대화를 한 적이 많아요."

영석 씨는 누구와 대화를 하든 자기의 생각대로 대화를 끌고 나가려고 한다. 자기의 관심사가 가장 중요하다. 이것이 자기중심성이다. 영석 씨는 매우 자기중심적인 사람이다.

"영석 씨는 지금 저와 대화를 하면서도 포커스가 또 넘어가려고 하고 있어요. 아내를 레이디 취급하고 있는지 자문해보라고 했는데 다른 얘기를 꺼내네요. 그렇게 되면 또 영석 씨 얘기를 하는 거지요. 지금도 여전히 정아 씨가 얘기하는 젠틀맨은 실종됐습니다."

"제가 중요하게 생각하기 전까지는 그렇죠."

"나한테는 중요하다고!"

정아 씨가 답답한 듯 소리쳤다. 왕과 왕비는 소통이 안 된다. 왕이 일을 하고 있는데 왕비가 와서 "당신은 젠틀맨이 아니야"라고 하면, "당신이 말하는 젠틀맨이 뭔데?"라고 묻지 않고 "뭔 소리야? 내가 지금 얼마나 중요한 일을 하고 있는데 그런 소릴 해?"라고 한다. 그러면 왕비 입장에서는 "그건 그렇지만 나에겐 젠틀맨도 중요한 거야"가 된다.

존경받고 싶다면 존중해줘야

"내가 생각하는 젠틀맨은 '나를 아껴주는구나'를 느끼게 해주는 사람이야. 한참 걸어가서 커피를 사 오라고 하는 건 완전히 신사의 반대지. 제왕처럼 굴지 않고, 나를 존중해주는 사람이 젠틀맨이라고 생각해."

정아 씨가 자신이 생각하는 젠틀맨에 대해 얘기하며 커피 사건에 대해서 다시 한 번 얘기를 한다.

"당신은 '내가 다 알아서 할 테니 나를 따라오라'고 하는 사람이 좋다고 했잖아. 그거랑 젠틀맨이랑 맥이 안 닿잖아."

영석 씨는 또 자기 이슈로 대화를 가져간다. 정아 씨가 하는 얘기를 전혀 수용하지 않고 자기 얘기만 한다. 정아 씨는 답답해하며 계속해서 자기가 생각하는 젠틀맨, 다시 말해 자신이 바라는 남편상에 대해 얘기한다.

"내가 생각하는 젠틀맨은 여자가 무거운 것을 들고 있으면 대신 들어주는 사람이야. 당신은 안 그러잖아. 시댁에 갈 때도 '나는 돈 버느라 힘드니까 당신이 운전해'라고 하며 조수석에 딱 앉고. 다른 집 남편들은 아예 아내에게 운전대를 안 준다고 하던데, 당신은 진짜 특이해."

"당신이 먼저 운전하겠다고 했잖아. 당신 얘기는 왔다 갔다 해서 어떻게 해달라는 건지 헷갈린다고."

영석 씨가 아내의 얘기에 짜증스러워한다. 이럴 때 남편은 아내의 이야기를 '아, 이 사람은 자기를 존중해주기를 원하는구나'로 들으면 된다. 여자의 말에는 감정이 묻어 있다. 여자는 상황 설명을 하기도 하고, 감정을 전달하기도 하면서 원하는 것을 말한다. 젠틀맨에 관해 얘기할 때도 그렇다. 어떤 때는 문을 열어주는 행동으로, 어떤 때는 부드럽게 대하는 느낌으로 젠틀맨을 설명한다. 또는 둘 다 섞어서 얘기하기도 한다. 남자들은 "이런 게 젠틀맨이야"라며 A, B, C로 정확하게 얘기해주길 원하는데, 여자들은 A로 갔다가 B, C, A⁺, B, A 등으로 왔다 갔다 한다. 이것이 남자들에겐 굉장히 힘들다.

예를 들어보자. 남자는 "나도 젠틀맨과 살고 싶다"라고 말하는 여자가 문을 열어주기를 원하는지 아닌지를 정확하게 표현해주길 바란다. 그래서 아내가 "젠틀맨 소리 듣고 싶으면 문을 열어줘야지!"라고 하면, 문을 열어주고 나서는 "에이 씨" 한다. 이러면 여자들에겐 문 열어준 것은 없어지고 "에이 씨"만 남는다. 남자 입장에서는 기껏 문 열어달라고 해서 열어줬는데 화를 내는 여자를 이해하기 어렵다. 남자에겐 "에이 씨"보다 문을 열어준 것이 중요하다. 여자에겐 태도가 중요하다. 실제로 열어주는 것보다도 "내가 열어줄까?"라고 물어봐주는 것이 더 중요하다.

"당신이 존경받고 싶듯 나도 존중받고 싶어. 나한테 커피 사다 달라, 생선 발라 달라 하면 어쩔 수 없이 해주기는 하지만, 하녀 취급받는 기분이 들어. 당신을 존경하기는커녕 나도 당신을 하인처럼 대하고 싶단 말이야."

정아 씨가 속마음을 얘기한다. 남편은 아내가 부하처럼 척척 말을 들으면, 쑥 올라가는 느낌이 들어 기분이 좋다. 남들에게 보여주고 싶기까지 하다. 그런데 아내는 남편이 왕같이 행동하면 잘해주고 싶기는커녕 무시하고 싶은 생각만 든다.

선택권이 있어야 젠틀맨과 레이디가 된다

커피를 마시고 싶으면 "여보, 나 커피 좀 갖다 줘"라고 하는 대신에 "나 커피 먹고 싶은데……"라고 얘기하는 것이 좋다. 이렇게 하면 상대는 커피를 가져다줄 수도 있고 안 가져다줄 수도 있다. 본인이 원하는 대로 선택을 할 수 있다. 이 선택권이 남편을 젠틀맨으로 만들고, 여자를 레이디로 만들어준다. 남편이 "커피 갖다 줘!" 이러는데 가져다주지 않으면, 아내 입장에서는 버티는 것이 되어 마음에 부담이 생긴다. 부부가 선순환으로 가려면 명령이 아닌 내가 원하는 것을 얘기해야 한다. 명령을 하면 선택의 여지가 예스, 노밖에 없다. 예스를 하면 하녀가 되고, 노를 하면 서로 싸우겠다는 말이 된다. 물론 "커피 마시면 좋겠어"라고 하는 것이 묵시적인 명령이 될 수는 있다. 하지만 아내가 "나는 별로 생각이 없는데"라고 말을 할 수도 있으니 선택권은 여전히 남아 있다. 젠틀맨은 선택권을 주는 사람이다. 상대에게 선택권을 주지 않으면 독재자가 된다.

옵션을 많이 줄수록 젠틀맨이다. 선택지가 있어야 여자가 산다. 여자는 이렇게 할 수도 있고 저렇게 할 수도 있을 때 자유로움을 느끼고 여성스러움을 발휘한다. 여자가 살아야 레이디가 된다. 모든 레이디는 여자에게서 나오는 것이지 남자에게서 나오지 않는다. 여자는 없는데 레이디만 요구하면 불가능한 것을 요구하는 셈이다. 아예 여자도 레이디도 없고 하녀만 있는 경우도 있다. 명령하는 남자는 하녀와 살겠다고 하는 것과 같다.

레이디는 여성성에서 나온다. 그래서 여자들은 자주 삐치는 것이 좋다. 남녀가 대화를 하면 남자들은 단순해서 한두 가지(A, B)로 얘기를 한다. 그러면 열 가지(A, B+C, A′+B+C′, A+B′+C 등등)로 이야기하는 여자 입장에서는 성에 차지 않고 마음에 들지 않는다. 그래서 새초롬해지거나 삐친다. 그렇게 많이 삐칠수록 여자다.

삐침이 허용되어야 여자가 된다. 여자가 삐쳤을 때 남자가 느긋하게 기다려주면 여자는 풀어진다. 간혹 부러지는 경우도 있지만 대부분은 풀어진다. 그리고 자기가 삐친 것에 대해 창피해한다. 반면에 남자는 자기가 말한 한두 가지가 안 되면 아주 삐친다. 심각하게 삐친다. 여자의 삐침은 가볍지만 남자의 삐침은 무섭다. 여자가 긴장한다. 무섭거나 긴장하면 여자는 하녀가 된다.

"우리는 남편이 더 잘 삐쳐요. 남편이 삐치면 전전긍긍하며 얼른 남편 마음을 풀어주려고 노력했어요. 저는 하녀로 살았군요."

정아 씨가 씁쓸한 표정으로 말을 한다.

"이야기를 하다 보니 제가 그동안 기분이 좋지 않았던 게 무엇 때문이었는지 확실히 알겠어요. 그동안 이이가 뭘 해달라고 하면 내키지 않으면서도 싸우기 싫어서 해줬어요. '네가 원하니까 그냥 해준다'고 하면서 억울함과 짜증을 많이 느꼈는데, 존중받지 못해서 그런 기분이었던 거네요. 앞으로 영석 씨가 저에게 존중과 사랑을 느끼게 해주면, 저도 그렇게 해주겠어요. 영석 씨는 자기는 그렇게 하지 못하면서 저한테만 요구했네요."

영석 씨는 그동안 정아 씨에게 당연하다는 듯 존경을 강요해왔다. 그래서 오히려 정아 씨에게 거부감과 반발심을 일으킨 것이다. 본인이 가장 원하는 것을 본인이 가로막고 있는, 아이러니한 형국이다.

"처음으로 제 얘기를 충분히 했어요"

"젠틀맨 얘기 충분히 하셨나요?"

정아 씨에게 물어보았다.

"네. 처음으로 이렇게 제 마음을 다 얘기해보았네요. 남편은 제가 얘기를 시작하면 중간중간 끼어들어서 제 말을 막아요. 그래서 하려던 얘기를 충분히 하지 못하는 경우가 많았어요. 틀린 말은 아니니 수긍하긴 했지만 속으로는 '이게 아닌데' 싶은 적이 많았어요. 남편이 결혼 초에는 이렇지 않았는데, 지금은 제 일거수일투족을 지적하고 훈계를 하죠. 그러면 저는 하룻강아지처럼 졸아들어서 제가 얘기하던 것은 쏙 들어가고 말아요."

영석 씨는 정아 씨가 얘기를 할 때 "그게 아니고 이런 거지" 또는 "나는 이런데……" 하며 계속 끼어든다. 정아 씨의 단어를 수정하고 의견을 반박하면서 자기 의견을 얘기한다. 결국 정아 씨가 말하려고 했던 내용은 끝을 맺지도 못한 채 사라지고, 영석 씨가 제기한 다른 얘기만 하게 된다. 영석 씨의 모든 대화의 중심에는 '내가 말하는 것이 다 맞고, 너는 내 말을 들어야 한다'는 메시지가 있다. 어떤 얘기든 이 주제로 흡수된다. 이래서 자기중심적이라는 얘기를 듣는다.

이 부부가 선순환으로 가려면 영석 씨가 자신을 곱씹어봐야 한다. 자신의 생각을 내려놓는 훈련을 해야 한다. 자꾸 본인 얘기를 하려는 마음을 막아서 자기 얘기를 줄이고 아내가 어떤 마음인지 이해하려고 노력해야 한다. 이를 영적 전투(spiritual struggle), 자기와의 싸움이라고 한다. 이것이 없으면 선순환으로 가지 못한다. 관계 자체가 권력적으로 가기 때문에 선순환으로 갈 수가 없다.

03
은근한
권력자

명절에 드러난 권력 관계

맏아들과 결혼한 민정 씨. 신혼 초부터 시어머니를 모시고 살았고, 2년 여간 암 투병을 하는 시어머니의 병시중을 했다. 시어머니가 돌아가시고 나서 남편 민수 씨 형제들은 명절에 민수 씨 집에서 모이자고 했다. 민정 씨는 시댁 식구들과 만나는 일이 달갑지 않다. 민정 씨는 시부모님도 다 안 계시는데 때마다 모여야 되느냐며, 만약 그래야 한다면 누나와 남동생 집에서도 돌아가면서 모이자고 했다. 남편은 집에서 모이는 게 힘들어서 그런 거라면 사람을 쓰라고 했다.

"일하는 게 문제가 아니야. 와서 잘하느니 못하느니 잔소리하는 게 얼마나 스트레스인 줄 알아? 우리 집 지저분하고 음식도 맛없다고 자기들끼리 쑥덕거린 게 한두 번이 아니야. 나는 당신 식구들 싫어."

민수 씨와 민정 씨는 며칠째 추석 지내는 일로 실랑이를 벌이고 있다.

할 수 없이 민수 씨는 형제들과 의논해서 남동생 집에서 모이기로 했다. 그런데 민정 씨는 아예 동생네도 가지 않겠다고 했다.

"나는 이번에 친정에 가 있을 테니 당신만 다녀와. 우리 집에서 안 하는 거에 대해 또 얼마나 말이 많겠어. 나는 우리 집에서 하는 것도 싫고 동서네서 하는 것도 싫어."

"이것도 싫다 저것도 싫다 그럼 어쩌자는 거야?"

참고 있던 민수 씨가 역정을 낸다.

"나는 이미 며느리 역할 다 했어. 이제 명절 같은 거 각자 알아서 쇠자고 해."

또다시 추석을 어떻게 할 것인지 결정이 되지 않은 상태로 이야기가 끝나버렸다.

이 부부도 악순환 부부다. 이 경우에는 아내가 권력을 쥐고 있다. 남편은 "이 사람이 우리 집 왕이에요. 뭐든 이 사람 하고 싶은 대로 다 해요"라고 말한다. 하지만 민정 씨는 그렇게 생각하지 않는다. 사람들은 보통 권력을 남용하지 않으면 스스로를 권력자라고 생각하지 않는다. 민정 씨는 스스로 경우 없는 일은 하지 않는다고 생각하고 있어 더욱 자기가 권력을 쥐었다고 생각하지 못한다. 그러나 민정 씨가 권력을 가진 것은 맞다.

"권력의 정의는 영향력입니다. 제가 민정 씨를 권력자로 보는 이유는요, 두 사람이 대화를 할 때 민정 씨 중심으로 얘기가 진행되기 때문입니다. 남편분은 다 맞춰주고 있어요. 그것을 알고 있나요?"

"그랬나요? 이 사람이 저한테 맞춰준다는 생각을 하지는 못했어요."

민정 씨는 본인은 할 만큼 했다고 생각한다. 민수 씨도 인정한다. 그래도 민수 씨는 장남으로서 형제들이 모이는 일에 앞장서야 한다고 생각한다. 민정 씨는 헌신을 바탕으로 한 권력자다.

"당신이 우리 엄마 잘 모시고 병시중도 잘한 건 나도 인정해. 그래도 어떻게 장남이 명절을 안 챙기느냐고! 당신, 우리 애들이 그래도 좋아?"

"거기서 애들 얘기가 왜 나와?"

부부는 내 앞에서도 실랑이를 끝내지 않는다.

권력을 남용하지 않으면 권력자가 아니다?

"부인은 시댁 식구들과 만나는 일이 싫은가요?"

내가 물었다.

"시댁 식구 만나는 일을 좋아하는 사람들이 있을까요?"

"부인은 어떠신가요?"

"저도 싫죠."

"어떤 점이 싫은 건가요?"

"일이 많은 게 싫어요. 말도 많고요. 일도 힘이 드는데 뒷담화를 하니 기분이 좋겠어요?"

민정 씨는 시집 식구들이 다녀가면 꼭 기분이 상했다. 시누들끼리 모여 "집 안은 지저분하고 반찬이라고 말라비틀어진 것만 있다"고 얘기하는 것을 들었단다. 시누들은 민정 씨를 늘 손아래 동서와 비교했다. 손아래 동서는 집 안도 깔끔하게 해놓고 맛깔스러운 반찬을 내놓고 성격도 좋다며 칭찬을 했다. 시어머니가 계시는 동안은 어쩔 수 없이 시누들의 얼굴을 보고 살았지만 더 이상은 보고 싶지 않았다. 손아래 동서도 주는 것 없이 미웠다.

"시누분들이 하는 얘기를 듣고 마음이 많이 상하셨나 봅니다."

"당연하죠. 홀시어머니 모시고 사는 게 쉬운 일인가요? 그런데도 칭찬은 못 할망정 '집 안이 더럽네, 반찬이 오래됐네, 성격이 안 좋네' 하는데 너무 화가 났어요. 그때 저는 직장 생활도 하고 있었거든요."

"네, 힘드셨겠어요. 이런 힘든 상황을 남편분에게는 얘기하셨나요?"

"했어요. 그래도 이이가 내 얘기를 들어주어서 좀 견딜 수 있었어요."

"이 사람이 매일같이 저를 닦달했습니다. 얼른 분가하자고요. 그래서 분가를 했는데 3년 후에 어머니가 암에 걸리셔서 다시 집을 합치고 아내가 어머니 병시중을 했죠."

이들 부부는 시댁 일로는 다퉜지만 남편이 아내의 마음을 달래주고 분가하자는 요구를 들어주어서 부부 관계는 좋았다.

"지금 아내분께서 저에게 가장 도움을 받길 원하는 부분은 어떤 것입니까?"

"저는 시집 식구들과 만나고 싶지 않은데 이 사람은 만나자고 하니 이 일을 어떻게 처리해야 할지 모르겠어요."

두 사람의 대화가 선순환으로 가려면 각각의 주제를 분화시켜야 한다. 현재는 민정 씨가 무엇 때문에 시집 식구들을 만나고 싶어 하지 않는지 명료하지 않다. 하나로 뭉뚱그려져 있다. 인간이 세상을 지배할 수 있는 이유 중 하나는 분화가 되었기 때문이다. 성장, 발달 또는 성숙의 증거는 구별할 줄 아는 능력이다. 많은 부부들이 갈등하고 다투다가 상담 후 보면 서로를 많이 이해하게 된다. 각기 다른 것을 뭉뚱그려 보다가 구별할 줄 알게 되는 것이다. '아, 이게 이거였구나. 아, 저게 저거였구나' 하고 구별하면서 서로 이해하고 갈등이 줄어든다.

한 번도 생각해보지 않은 질문

"민정 씨는 시댁 식구들을 만나면 일도 힘들고 뒷담화 듣는 것도 힘들다고 했는데, 어떤 것이 더 힘이 드나요?"

내가 물었다.

"일하는 거는 사람을 쓴다고 쳐요. 뒷담화하는 건 스트레스가 너무 커요. 맨날 동서하고 비교당하는 것도 싫고요."

"가장 싫은 것이 동서와 비교당하는 것인가요?"

"그렇죠. 한참 나이 어린 손아래 동서와 비교당하는 게 좋겠어요?"

"네, 누군가와 비교당하는 것은 정말 싫은 일입니다. 민수 씨는 민정 씨의 이런 마음을 알고 계셨나요?"

"아니요, 저는 몰랐어요. 아내가 이런 문제로 힘들어하고 있는 줄은 몰랐습니다."

"그래, 나는 동서와 비교당하는 게 싫어. 당신 누나들이 맨날 와서 하는 얘기가 그거라고."

민정 씨가 처음으로 남편에게 자기 마음을 얘기하고 있다.

"동서분하고 비교당할 때 어떤 마음이 드세요?"

"저만 나쁜 사람 같다는 생각이 들죠."

"나만 나쁜 사람 같다는 것이 무슨 말인가요?"

나는 민정 씨가 자신의 마음을 좀 더 잘 들여다볼 수 있도록 계속 질문을 했다.

"사실 우리 시어머니도 그렇고 아이도 그렇고 사람들이 점잖아요. 그래서 시어머니도 모실 수 있었어요. 하지만 남들은 다 저에게 효부라고 하는데 시누들은 흉을 보니까, 제가 나쁜 사람이 되는 것 같아요."

민정 씨는 나쁜 사람이 되고 싶지 않다. 그러나 왜 나쁜 사람이 되고 싶지 않은지 자기 마음을 아직 모르고 있다.

"나쁜 사람은 어떤 사람입니까?"

"이기적이고 자기만 아는 사람인 거죠. 그리고 게으르고."

"민정 씨는 그런 사람이 되면 안 되나요?"

"그렇죠. 그런 사람이 아닌데 그런 사람을 만드니까 제가 만나기 싫어하는 거죠."

"네, 그러니까 지금 시댁 식구들을 만나면 내가 게으르고 나쁜 사람이 되는 것 같아서 만나기 싫다는 거죠?"

"네, 그거예요. 그동안 수고한 건 다 없어지고 나만 게으르고 나쁜 사람이 되는 것 같잖아요. 손아래 동서보다 못한 사람이 되고. 생각할수록 화가 나서 정말 꼴도 보고 싶지 않아요."

"민정 씨는 시댁 식구들에게 좋은 사람이라고 인정받고 싶으신 것 같은데, 맞나요?"

"네???"

이 질문은 민정 씨가 한 번도 생각해보지 않은 질문이었다. 한 번도 생각해보지 않았던 질문을 받았을 때 사람은 성장한다. 민정 씨는 시누들이 자신을 흉본다고 생각해서 싫었는데, 정작 자신이 원했던 것은 시누들로부터의 인정이었다는 얘기를 들은 것이다.

좋은 사람, 착한 사람 콤플렉스

"처음 생각해보는 질문이죠?"

멘붕 상태인 민정 씨에게 물어보았다.

"네, 그래서 얼떨떨해요. 그런데 누구나 시댁의 인정을 받고 싶어 하는 거 아닌가요?"

민정 씨는 좋은 사람으로 인정받고 싶은 것 같다는 나의 질문에 "그렇다"는 대답 대신 "누구나 그런 것 아니냐"고 되묻는다. 자신의 마음이면서도 미처 인식하지 못했던 때문이기도 하고 그 마음을 인정하기 어색해서도 그렇다.

"시누분들에게 정말 원하는 것이 무엇인가요? 한번 생각해보시겠어요?"

"그동안 수고한 것에 대해 인정해주고 손아래 동서하고 비교하지 않는 거죠."

"네, 그럼 시누들에게 그런 얘기를 해보시면 어떨까요?"

"그런 얘기를 어떻게 해요?"

"누나들이 이 사람 수고한다는 얘기 많이 했어요. '저런 며느리 없다'고 한 적도 있고요. 이 사람이 좋은 소리 한 거는 기억을 못 하고, 한두 번 안 좋게 얘기한 거만 마음에 담아두고 화를 내는 것 같아요."

조용히 듣고 있던 민수 씨가 얘기한다.

민정 씨는 좋은 사람, 착한 사람이라는 소리를 듣고 싶어 한다. 손아래 동서보다 낫다는 소리도 듣고 싶다. 그런데 시집 식구들이 하는 얘기를 들으면 자기만 나쁜 사람, 못난 사람이 되는 것처럼 느껴진다.

"민정 씨는 나쁜 사람이 되는 것이 싫어서 시댁 식구를 안 만나고 싶은 거네요."

"네? 아니 그게 아니라 시누들이 흉을 보니까……."

"그러니까 시누분들이 흉보는 게 싫은 이유가 민정 씨가 나쁜 사람이 되는 것 같아서거든요."

"아, 네. 그게 그렇게 되나요?"

이제야 민정 씨는 자신의 마음을 인정할 수 있게 되었다.

"민정 씨가 나쁜 사람이 되기 싫어서 명절에 시댁 식구들과 만나는 것을 싫다고 하면 민수 씨 마음은 어떨까요?"

"좋지 않겠죠."

"그럼 두 사람의 이해관계가 충돌될 때 누구 의견을 따라야 할까요?"

"그야 제 의견에……."

자신의 입에서 당연한 듯 나온 말에 민정 씨가 흠칫했다.

"네, 이래서 민정 씨가 권력자입니다. 민정 씨 의견에 따라야 한다고 생각하시는 이유가 있을 텐데요?"

"제가 그동안 시어머니도 모시고 살았고 병시중도 했으니, 저는 할 만큼 했다고 생각해요. 이제 비교당하면서까지 시누들을 보고 싶지 않아요.

남편도 제 의견에 따라야 한다고 생각해요."

"네, 충분히 그렇게 생각하실 수 있습니다. 민수 씨도 그것을 인정하고 있고요. 그래서 지금 민수 씨가 이러지도 저러지도 못하고 여기까지 저를 찾아오게 되었습니다."

헌신을 바탕으로 한 독재

민정 씨는 헌신을 바탕으로 한 권력자다. 이런 헌신을 알아주지 않는 남편도 많은데, 민수 씨는 이것을 알아주고 표현도 한다. 그래서 두 사람의 관계는 좋은 편이다. 그렇다 해도 부부 중 한 사람의 의견이 계속 묵살된다면, 이는 독재다. 부부 관계가 독재로 가지 않으려면 남편은 자기의 의견을 얘기하고, 아내는 자신의 의견만 내세울 것이 아니라 조율을 하겠다는 마음을 가져야 한다. 그러려면 민정 씨는 자신이 쥐고 있는 것을 놓아야 한다. 착한 사람, 좋은 사람으로 인정받고 싶다는 자기 자신에 대한 이미지를 내려놓아야 한다.

이 부분이 참 어렵다. 상담을 하다 보면 누구나 자기가 고수하던 이미지가 깨지는 단계에 이르는데, 누구나 이를 견디기 힘들어한다. '나는 좋은 사람이고 잘난 사람'이라는 자기 이미지가 깨지면서 '내가 그렇게 좋은 사람도 잘난 사람도 아니었다'는 것을 시인할 수밖에 없기 때문이다. 그런데 이를 인정하고 나면 오히려 자유롭고 편하다. 자기 이미지를 고수하기 위해 애를 쓸 필요도 없고, 자기 이미지를 깎아내린다 생각했던 사람을 비난하던 것도 멈출 수 있게 되기 때문이다.

다른 사람에게 자신이 어떻게 보이는가를 중요하게 여기며, '좋게 보이기(nice looking)'를 추구하는 마음을 상담학적으로는 '자기애적 태도'라고 한다. 이러한 나르시시즘은 건강한 면과 병리적인 면이 동시에 있다. 건강한 나르시시즘은 자신을 유지하고 정체성을 확립하는 데 중요한 역할을 한다. 그러나 나르시시즘이 지나치면 병리적이 된다. 다른 사람들은 안중에도 없고 오직 자신이 바라는 것만을 중요하게 생각한다. 병리적 나르시시즘을 가진 사람들은 다른 사람들을 자신의 모양을 유지하기 위해 이용하고 활용한다.

살아 있는 한 이 주제는 끝나지 않는다. 미성숙할수록 내가 아닌 상대가 꼴불견이라고 생각한다. 이런 생각을 바꾸지 않으면 부부는 자신의 폼, 체면을 유지하려고 싸우게 된다. 이 끝없는 싸움은 '내 꼴이 별로 좋지 않다'는 것을 수용할 때 끝난다. 이것을 인정하는 마음이 성숙이다. 그때 평화가 찾아온다.

나는 민정 씨에게 물었다.

"이기적인 사람으로 보이면 어떤가요?"

"당연히 싫죠!"

"무엇이 싫은가요?"

민정 씨는 대답을 하지 못한다. 착한 사람, 좋은 사람으로 인정받고 싶은 마음만 있었지, 이기적인 사람으로 보이면 왜 안 되는지 한 번도 생각해보지 않았던 것이다. 한참 생각을 하던 끝에 민정 씨는 말했다.

"이기적이면 손가락질 받잖아요? 그러면 당연히 좋지 않잖아요."

민정 씨는 같은 말을 다르게 하고 있다. 이기적인 사람은 다른 사람으로부터 손가락질 받는다고 말을 하고 있다. 손가락질은 다른 사람이 하는 거다. 이 부분이 사람들이 성장하는 데 걸림돌이 된다. 주로 시선이 다른 사람에게 있으니 자신이 어떤지 잘 모르는 것이다. 나는 거듭 민정 씨에게 질문을 했다.

"손가락질은 상대방이 하는 행위고요. 손가락질을 받으면 어떠세요?"

자신에 대해서는 많은 생각을 해보지 않은 사람들에게 이런 질문은 어렵다. 민정 씨는 한참을 생각한 후에 잘 모르겠다고 했다. 나는 민정 씨에게 숙제를 해 오라고 했다. 다른 사람이 손가락질을 하면 내 마음이 어떤지를 면밀하게 살펴보라고 했다. 일주일 후에 민정 씨 부부는 다시 상담을 하러 왔다.

"교수님, 제가 곰곰이 생각을 해보니 다른 사람이 손가락질을 하면 제가 미칠 것 같아요."

지난번보다 훨씬 진전된 대답이다.

"미칠 것 같다는 마음을 좀 더 이야기해주시겠어요?"

"시댁 식구들은 남들이 법 없이도 살 사람들이라고 해요. 결혼할 때 이게 정말 좋았어요. 그런데 들어와 살아보니 그게 불편할 때가 많은 거예요. 나만 나쁜 사람 같은 느낌도 들고요. 왠지 이 집에서 겉도는 느낌이 있었어요. 그래서 어머니도 성심껏 모시고 병시중도 하면서 시댁 식구들하고 잘 지내려고 저 나름대로 많은 노력을 했어요. 그러면 시댁 식구들이 인정해주고 남편에게 사랑받을 줄 알았지요. 물론 남편이 저를 인정해주는 부분이 많이 있었지요. 그런데 시누들이 저를 흉보잖아요. 나는 좋은 사람으로 인정받기 위해서 최선을 다하고 있는데, 시누들이 저를 이기적이라고 하면 그동안의 노력이 허사가 되잖아요. 전 뭘 한 거예요? 자기들만 착한 사람들이고 저는 이기적이라는 거잖아요. 저만 나쁜 사람이고, 저만 따로 노는 사람이 되는 거잖아요. 이런 게 저를 미치게 해요. 그래서 시누들 꼴도 보기 싫어요."

민정 씨는 눈물을 흘리면서 자기가 얼마나 시댁 식구들로부터 좋은 사람으로 인정받고 싶었는지 토로했다. 그렇게까지 헌신한 자신을 이기적이라고 하는 시누들이 정말 밉고, 자신이 불쌍하다고 했다. 나는 민수 씨에게 민정 씨를 안아주라고 했다. 민수 씨는 민정 씨를 꼭 안아주었다.

"민수 씨, 이제 아내가 왜 그렇게까지 자기 뜻대로 하길 원했는지 이해하셨나요?"

"네, 이해됩니다. 아내가 이런 생각을 하고 있는지 미처 몰랐습니다. 우리 식구들한테 인정받으려고 그렇게 노력했다니 아내에게 미안한 마음이 듭니다."

두 사람은 중요한 부분에 도달했다. 민수 씨는 아내가 왜 그렇게 시누들 만나는 것을 피하는지 이해했고, 민정 씨도 자신이 왜 그렇게 시누들을 미워했는지 스스로 이해했다. 자신의 좋은 사람 이미지를 지키기 위해 시댁 식구를 보고 싶어 하지 않았다. 문제의 원인이 시댁 식구가 아니라 자기 자신임을 알게 되었다. 민정 씨는 이런 자신을 보고 나자 시댁 식구들에게 미안해졌다. 민수 씨는 이런 아내가 너무나 안쓰러워, 더 도와줘야겠다는 마음이 들었다. 그렇게 둘 사이는 급속도로 가까워졌다. 민정 씨는 민수 씨가 자기 마음을 알아주어서 행복하다고 했다. 그리고 시댁 일에 대해서는 남편의 말을 따르겠다며 자신의 권력을 내려놓았다.

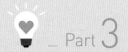 _ Part 3

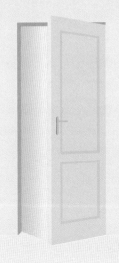

모든 부부는 회복할 수 있다

7부

선순환 부부로
사는 법

01
선순환 부부
vs 악순환 부부

악순환 부부의 삶

선순환 관계로 가는 방법을 보기 전에 먼저 어떤 것이 악순환인지 살펴보자. 우리들의 일상적인 모습은 악순환일 때가 더 많다. 악순환 관계는 노력하지 않아도 되지만, 선순환 관계는 노력을 많이 해야 이룰 수 있다. 이는 인간의 자기중심성 때문에 그렇다. 사람은 태어날 때부터 자기중심성을 가지고 있다. 자기중심성이 없으면 생존하기 어렵다. 아기는 배가 고프면 울고, 떼를 써서라도 자신의 욕구를 채워야 살 수 있다. 엄마가 아픈지, 괴로운지 여부와 관계없이 아이는 자신의 욕구대로 한다. 이처럼 자기중심성은 생존을 하는 데는 도움이 되지만, 타인을 방해하는 요인으로도 작용한다.

자기중심성을 갖고 태어난 아기는 자라면서 타인을 배려하는 마음을 갖게 된다. 인간의 본능에 교육의 힘이 더해진 덕분이다. 인간은 자기중심성과 타인을 배려하는 마음 두 가지를 동시에 가지고 산다. 이런 두 가지 방향성이 어떻게 조합되는가에 따라 타인을 좀 더 배려하는 사람이 되기도 하고, 타인을 조종하며 통제하는 사람이 되기도 한다.

악순환의 삶을 사는 사람들은 자기중심성을 가지고 타인을 지배하면서 자신의 통제적 욕구를 충족하려고 하거나, 타인에게 붙어서 자신의 의존적 욕구를 충족하려고 한다. 이런 자기중심적 통제 욕구나 의존 욕구는 타고나는 것이어서 특별한 노력을 하지 않아도 저절로 나타난다.

악순환의 부부 관계에서 부부는 서로 자신의 욕구만을 채우려고 한다. 남편은 필요한 경우에만 아내와 함께한다. 마치 혼자 사는 것처럼 아내에 대해 아무 신경을 쓰지 않는다. 성관계도 아내를 배려하지 않고 자신의 욕구만 충족시키는 관계를 갖는다. 이러면 아내는 남편에게 이용당하는 기분이 들 때마다 비난하는 마음이 생긴다. 불만이 생긴 아내는 남편의 말을 듣지 않는다. 남편이 싫어하는 말이나 행동을 하면서 남편을 불편하게 만든다. 또한 성적으로 전혀 흥분을 하지 않거나 성관계를 거부한다. 남편은 위협이나 설교, 간섭을 통해 아내를 지배하려고 하다 안 되면 폭력으로 치닫는다.

남편이 아내를 지배하려고 하면, 아내는 남편을 무시한다. 무시는 여러 가지 양상으로 나타난다. 여러 사람이 있는 곳에서 공개적으로 무시하거나, 부부 동반 자리에 가지 않으면서 망신스럽게 만들기도 한다. 아내의 남편 무시하기가 계속되면 남편은 아내를 버린다. 버리는 방법도 다양하다. 일에 몰두하거나 아내와 말을 하지 않거나 말을 들어도 대충 듣는다. 자신의 방에 들어가 문을 잠그기도 한다. 버려진 아내는 남편을 비난하며 남편의 스케줄이나 활동 범위를 꼬치꼬치 따져 묻고, 의심스러운 일이 생기면 끝까지 따지면서 남편을 궁지로 몰아넣는다. 남편은 이를 억압하려고 하는데, 심한 경우에는 폭력으로 이어지기도 한다.

불만과 억압의 악순환은 계속된다. 물리적인 힘이 통하지 않으면 경제적인 방법을 쓴다. 월급을 제대로 가져다주지 않는 것이다. 돈을 주지 않는 남편에게 아내는 밥을 해주지 않고, 살림을 하지 않는 것으로 대응한다. 부부 관계는 파탄으로 치닫게 된다. 악순환의 부부 관계에서는 착취와 무시, 버림과 요구, 이용과 비난, 억압과 불만이 서로 얽혀 있다.

악순환으로 사는 확실한 방법

악순환 부부로 사는 확실한 방법이 있다. 이렇게 하면 된다.

1. 자기 말만 한다

상대가 얘기할 때 내 말만 하면 그 관계는 악순환으로 간다. 내 말만 하는 남편이나 아내는 배우자의 말을 부분적으로 듣거나 편파적으로 듣는다. 그렇게 들은 부분을 전부로 여기면서 상대방에게 반응한다. 이러면 상대방은 자신이 말하려고 했던 내용이 상대방에 의해서 왜곡되는 느낌을 받는다.

5부에 소개한 혜리 씨와 6부의 영석 씨 사례가 이를 잘 보여준다. 자기 말만 하는 사람은 심리적으로 결핍이 있거나 자기중심성을 조절하지 못하는 미성숙한 사람이다. 심리적 결핍을 치유하는 활동을 해서 결핍에서 벗어나야 한다. 자신이 하는 말이 상대방에게 어떻게 들리는지 이해하는 민감성 훈련이 필요하다. 배우자의 메시지가 무엇인지, 그 마음은 어떤지를 살피고 그에 대해 반응을 하지 않으면, 듣긴 들어도 제대로 들은 것이 아니다.

2. 자기식으로 말한다

자기식으로 대화를 하면 반드시 악순환이 된다. 이성형이 감정형에게 자신의 방식으로 얘기를 하면 악순환이 된다. 이성형이 한꺼번에 할 수 있는 얘기를 하나하나 단계를 밟아가며 얘기하면 감정형은 견디기 어렵다. 참으며 듣다가 못 견디고 폭발한다. 마찬가지로 감정형이 전후 맥락 없이 느닷없이 감정을 터뜨리며 말을 하면 이성형은 혼란스럽고 궁금해한다. '저 사람이 왜 저러지? 내가 뭘 잘못했나?' 싶어 차근차근 물어보면, 감정형은 "당신 참 뒤끝이 있네! 왜 이렇게 지질하게 굴어!"라고 비난하기 쉽다. 그러면 이성형은 감정형이 미성숙하다고 생각하고 관계를 단절하려고 한다. 감정형은 외롭고 혼자 있는 느낌이 들거나 버려지는 느낌이 든다. 이것이 감정형이 제일 힘들어하는 상황이다. 서로의 스타일에 맞게 대화를 하지 않으면 부부 관계는 악순환이 된다.

3. 큰일만 중요하게 여긴다

현대 사회에서 부부 사이의 큰일은 돈을 버는 일, 자녀를 교육시키는 일, 집안 경조사를 챙기는 일 등이다. 그런데 이런 일만 중요하게 여기다 보면 부부 사이의 친밀함이 사라진다. 장난치기, 실없는 농담 주고받기, 서로의 추억 공유하기, 메모 남기기 등 작은 것이 친밀함에 더 중요하다. 이런 작은 일들을 함께 하는 것을 중요하게 여기지 않으면, 가정은 업무를 수행하는 조직이 되고 만다. 친밀감이나 서로를 존중하고 배려하는 마음이 아닌 이해관계에 따라서 가족 관계 또는 부부 관계가 형성된다.

4. 각각 하나로 뭉뚱그린다

부부 사이에서 배우자 개인, 배우자 원가족의 일을 분리해서 볼 수 있어야 한다. 시댁이 싫다고 남편을 나쁜 사람으로 만드는 것은 다른 카테고리의 일을 한꺼번에 섞는 것이다. 남녀 차이를 인정하지 않은 채 무조건 "네가 나쁘다"라고 비난하는 것도 각각 다른 것을 하나로 뭉뚱그리는 것이다.

우리가 이 책에서 남녀 차이, 성격 유형 차이, 살아온 가족 환경의 차이를 살펴본 이유는 이런 분화를 돕기 위함이었다. 너와 내가 문제가 있어서가 아니라 서로 다른 존재로 태어나 다른 집안에서 살면서 생기는 차이 때문에 서로 싸워왔다는 것을 인식함으로써 원인도 모르고 해결도 되지 않는 싸움에서 벗어나자는 것이었다.

5. 뭐든 당연하게 여긴다

잘못한 것을 잘못했다, 미안하다 얘기하지 않고 쓱 넘어가면, 딱 꼬집어 말할 수는 없지만 마음이 개운하지 않다. 이런 일이 여러 번 생기면 앙금이 생긴다. 이 앙금은 수시로 튀어나와 작은 일을 큰일로 만든다. 고마운 것, 알아주어야 할 것을 당연히 여기고 고맙다고 표현하지 않는 것도 마찬가지다. 내가 수고하고 헌신한 것을 상대가 인정하지 않으면 하녀나

머슴 같은 기분이 들 수 있다. 그러면서 자존감이 떨어지고, 상대방을 향한 원망의 마음이 생긴다.

6. 늘 내가 옳다고 주장한다

실수를 인정하지 않으면 상대는 거리감을 느끼며 불신감을 갖게 된다. '무슨 일을 하든 내가 하는 일은 옳다. 너보다는 옳다'라는 자세를 가지고 있으면, 저절로 상대방과 악순환으로 간다. 내가 옳다고 주장을 하면 상대방은 틀렸다는 이야기가 된다. 특히 부부가 갈등이 생겼을 때 "내 말이 맞잖아!"라고 주장하기 시작하면 서로 누구 말이 맞는지 생각해봐야 한다.

많은 부부가 "네 말이 맞는지 내 말이 맞는지 길 가는 사람들한테 물어보자"라고 하면서 서로 옳다고 주장한다. 주장은 필연적으로 다툼을 만들어낸다. 이는 도덕적 우위에 서기 위한 전쟁이다.

주장은 사랑 안에서 해야 한다. 아무리 옳은 이야기라 하더라도 때로는 옳음이 상대방을 죽이는 칼이 될 수 있음을 이해해야 한다. 옳지만 상대방이 힘들어하거나 어려워하면 잠시 주장을 보류할 수 있는 배려심이 먼저 필요하다. 나중에 관계가 좋아져서 서로 마음을 나눌 수 있는 상황이 되면 그때 말을 꺼내도 된다. "사실 그때 나는 이랬다"라고 하면 상대방은 감동을 하게 된다.

7. 잘못된 일은 배우자 탓을 한다

부부 동반 모임에 차가 막혀서 늦었을 때, 친척의 경조사를 제대로 챙기지 못해 어떤 말을 들었을 때 "당신 때문에 늦었잖아!", "그런 것도 안 챙기고 뭐 했어?"라며 배우자를 탓하면 악순환으로 간다. 아이가 아프거나 학업 성적이 좋지 않을 때도 서로 '당신 탓'이라고 하면 악순환으로 간다.

'잘되면 제 탓, 못되면 조상 탓'이라는 속담이 있다. 공은 나에게 돌리고 잘못은 상대방에게 돌린다는 의미다. 이런 사람은 자신과 상대방을 선과 악으로 구별하는 이분법적 정신세계를 가졌다. 이분법으로 세상을 보는 방식은 주로 아주 어린 아이들에게서 발견된다. 성숙해지면 자신 속에 좋은 마음과 나쁜 마음이 공존하고 있다는 것을 알게 된다. 상대방 마음에도 좋고 나쁨이 동시에 존재함을 이해한다. 어떤 상황에서는 좋은 마음이 나오고, 다른 상황에서는 나쁜 마음이 나오기도 하는 것이 인간임을 이해하는 사람이 성숙한 사람이다.

선순환 부부의 삶

선순환의 부부 관계에서 남편은 아내에게 관심을 가지려고 노력한다. 아내의 생일 같은 중요한 날들을 잊지 않고 기억하고, 아내에게 자주 전화를 한다. 이러한 남편의 이해는 아내의 마음을 비추는 빛과 같아서 아내를 밝게 만든다. 밝아진 아내는 남편에게 좋아하는 마음을 자주 표현한다.

선순환의 부부 관계에서 남편은 전체적으로 가족을 보호하는 책임을 맡는다. 남편은 자식 문제나 시댁 일로 아내의 마음이 흔들릴 때 마음을 잡아주고, 감정의 기복이 심할 때 이를 받아주는 역할을 한다. 보호를 받은 아내는 남편에게 고마움을 느낀다. 아내의 고마운 마음은 남편에 대한 심리적 지지로 이어진다. 아내는 가정을 되도록 편안하게 만든다. 남편이 집에 돌아오는 시점에 아이들과 즐거운 관계를 만들어 남편이 편히 쉴 수 있게 해준다. 남편이 아내를 보호하려면 아내의 심리적 지지가 필요한데, 아내가 심리적 지지를 하니 남편은 아내를 더 보호하게 된다.

아내는 남편의 헌신을 경험하면 남편을 존경한다. 존경을 받은 남편은 더욱 헌신을 결심한다. 선순환의 부부 관계에서는 남편의 보호와 아내의 지지 및 존경, 가정을 지키는 남편의 버팀과 아내의 돌봄, 아내에게 관심을 갖는 남편과 애정을 표현하는 아내가 있다.

남편의 헌신을 통해 아내가 남편을 존경하면서, 서로에 대한 신뢰와 감사를 이끌어낸 부부 사례를 소개한다. 결혼 전 음식을 제대로 해본 적이 없던 영주 씨는 신혼 초 식사 문제로 남편과 자주 다퉜다. 영주 씨는 밖에서 사 먹자고 했고 남편은 싫다고 했다. 매일 같은 문제로 다투기를 3~4년, 어느 날 남편이 폭탄선언을 했다.

"그동안 적성에 안 맞는 일 억지로 하느라 고생했어. 넌 음식 하는 걸 싫어하고, 난 좋아하잖아! 그런데 네가 하기 싫은 걸 억지로 하니까 서로 사이만 나빠지는 것 같아. 이제부터 내가 부엌을 접수할게."

이후로는 남편이 식사 준비를 도맡았고, 영주 씨는 그 외의 집안일을 했다.

"부엌을 접수한 지 2년 후, 남편은 회사를 그만두고 대학원을 다니게 되었어요. 그때는 남편이 집안일을 전부 했어요. 아침에 일어나면 남편이 아침상을 차려놓고 기다리고 있는 거예요. 출근해서 11시쯤 남편에게 '당신 뭐 해?' 하며 전화를 하면 마트에 가 있고요. 7시에 퇴근하면 저녁상이 딱 차려져 있었어요. 그때 정말 고마웠죠. 요즘은 남편이 집안일을 할 시간도 없지만, 한다고 해도 하지 말라고 해요. 주말에도 그냥 편히 쉬라고 해요. 만약 남편이 집안일을 전담했던 과정이 없었으면, 저도 '너만 피곤해? 나도 피곤해' 하며 화냈을 것 같아요."

이 부부를 보자. 남편은 스스로 부엌을 접수했다. 음식 만드는 일을 부담스러워하는 아내를 위해 요리를 잘하는 자신이 식사 준비를 맡고, 아내는 다른 일을 하도록 했다. 게다가 대학원에 다닐 때는 집안 살림을 도맡아 하면서 아내가 사회생활을 잘할 수 있도록 지원했다. 영주 씨는 남편이 자신을 위해 그런 결정을 내리고, 충실하게 부엌일과 집안일을 해준 헌신에 고마움과 존경하는 마음까지 있다. 그래서 직장을 그만두고 대학원을 다니겠다고 했을 때도 적극적으로 지원해주었다. 남편은 대학원 졸업 후 성실히 돈을 벌어다 주었다. 영주 씨는 남편에게 쓰레기도 버리라고 하지 않는다고 한다. '남편은 언제든 시간만 있으면 집안일을 할 사람'이라는 믿음이 있어서 혼자 집안일을 해도 억울한 마음이 들지 않는다는 것이다.

이 부부는 선순환 부부의 모델이다. 선순환이 되는 부부에게는 믿음과 고마움이 있다. 고마움이 생기기 전에 먼저 헌신이 있다. 남편의 "부엌을 내가 접수하마"가 헌신이다. 그 헌신을 보고 고마움이 생긴다. 고마우니까 내가 이 사람을 자꾸 세워주고 싶다. 세워주면서 친밀감이 생긴다. 친밀감은 그냥 생기는 것이 아니라 이런 헌신과 고마움, 세워줌을 통해 생긴다.[08]

---

08 Balswick & Balswick은 『The Family: A Christian Perspective on the Contemporary Home 가족: 현대 가정의 기독교 관점』(1990년)에서 가족 관계의 신학을 제시하고 있다. 가족은 언약(covenant), 은혜(grace), 능력 함양(empowerment), 친밀감(intimacy)이라는 네 가지 요소를 통해서 관계를 만들어간다. 언약은 헌신, 은혜는 고마움을 느끼는 마음이다. 능력 함양은 상대방을 세워주는 마음이고, 친밀감은 서로 친한 느낌을 말한다. 이 네 가지 요소들은 연속적으로 작용을 하면서 친밀감을 형성해간다.

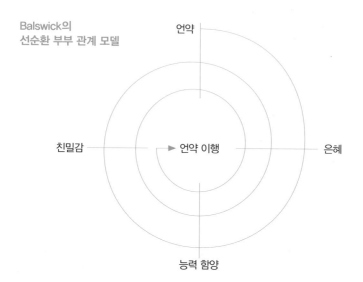

Balswick의
선순환 부부 관계 모델

언약

친밀감 ──▶ 언약 이행 은혜

능력 함양

선순환으로 사는 확실한 방법

선순환으로 사는 방법은 악순환 부부가 하는 반대로 하면 된다. 비교를 위해 악순환 부부의 내용과 중복되는 부분을 그대로 두고 말만 바꿔보겠다.

1. 배우자 얘기를 더 많이 듣는다

나보다 상대가 하는 얘기를 더 중요하게 여기면 그 관계는 선순환으로 간다. 상대방의 말을 듣는다는 건 단지 소리나 사실만을 듣는 것이 아니라 상대방의 마음으로부터 나오는 메시지를 들으려고 노력하는 것이다. 이야기를 듣는 사람은 "그러니까 당신 말은 이런 뜻이라는 거지?"라며 상대방의 말을 요약하기도 하고 반영하기도 하면서 듣는다.

그리고 자주 묻는다. "내가 당신 말을 잘 이해한 거야? 혹시 내가 놓치고 있는 부분이 있어?"라는 식의 말을 하면 상대방은 마음이 편안해진다. 서로의 말을 듣는 노력이 서로의 마음을 듣는다는 의미다. 배우자가 말할 때 메시지가 무엇인지, 메시지 안에 담긴 마음은 무엇인지를 살피고 그에 대한 반응을 하면 선순환으로 간다.

2. 배우자 방식으로 말한다

내가 아닌 상대의 방식으로 대화를 하면 선순환으로 간다. 이성형이 감정형에게 감정형의 방식으로 얘기를 하면 선순환이 된다. 상대의 마음에 공감하는 말을 하면서 함께 감정을 공유하는 것이다. "당신 짜증이 났구나? 그럴 만도 해! 나라도 그럴 것 같아. 생각할수록 나도 짜증이 나려고 하네." 이런 식으로 말이다. 이런 말을 들으면 감정형은 언제 짜증이 났었나 싶게 기분이 좋아진다. 서로의 방식으로 대화를 하면 '역시 이 사람과 결혼하길 잘했다'는 생각이 든다.

마찬가지로 감정형은 이성형과 대화를 할 때 사실 관계를 중요하게 여기면 된다. 이성형은 사실 관계가 틀렸다고 생각하면 다음 이야기로 넘어가기 어렵다. 감정형은 감정에 치우치는 성향이기 때문에 때론 사실을 누락하거나 축소 또는 과장하기도 한다. 감정형이 이성형과 말할 때는 사실적인 측면에 좀 더 집중하면서 이성형이 말하는 사실적 내용을 본인이 잘 들었는지 확인한다. 이런 사실 확인은 이성형의 마음으로 들어가는 중요한 관문이다. 사실 또는 이성형이 중요하게 여기는 개념이 확인되면 이성형의 마음으로 들어가기 쉽다. 감정형이 이성형의 마음을 만나기 위해서는 이런 단계를 밟으며 말을 하고 듣는 노력이 필요하다.

서로의 스타일에 맞게 대화를 하기 위해서는 자기 조절이 반드시 필요하다. 자신의 스타일을 넘는 초월적 마음이 필요하다. 자신을 좀 더 객관적으로 보면서 자신이 하는 말이 배우자에게 어떻게 들릴지를 반영하는 마음이 필요하다. 이런 반영을 서로 나누면서 '내 말이 어떻게 들리는지' 서로 물어보는 것이 좋다. 이렇게 하면 스타일이 다른 사람끼리도 선순환의 대화를 할 수 있다.

3. 작은 것을 중요하게 여긴다

서로의 유형으로 이야기할 수 있는 부부 관계는 그 누구도 방해할 수 없는 좋은 관계가 된다. 남편이 돈을 조금 적게 벌어 와도, 아내가 살림을 잘하지 못한다 해도 행복한 부부 관계를 만들 수 있다. 마음이 통하고 연결된 사람끼리는 작은 것도 재미있어하고 즐겁다. 상대방이 조금만 웃긴 표정을 지어도 낄낄거린다. 실실거리는 행동에서 즐거움이 생긴다.

이런 즐거움이 선순환을 만들어내면서 전체적으로 분위기가 부드럽고 온화해진다. 이런 분위기에 익숙해지면 사회적으로 큰 성공을 하지 않아도 사람들은 즐겁고 행복하게 살 수 있다. 마음이 연결된 관계는 큰 것이 없어도 되고, 있으면 더 좋은 관계다. 서로의 추억을 떠올리면서 즐거워하고, 상대를 위해 적은 작은 메모 하나에도 존재감을 느끼는 관계가 사랑하는 관계다.

4. 뭉뚱그려진 것을 하나씩 푼다

모든 것이 하나인 것 같고, 거기서 거기인 것 같은 것들도 내가 성장하면 다르게 보인다. 지구상에 존재하는 광물들을 보면 다 똑같아 보이지만, 자세히 보면 그중에는 금도 있고 다이아몬드도 있다. 이런 것을 구별해서 보는 능력이 '분화'다.

가족 관계, 부부 관계에서도 구별해서 보는 노력이 필요하다. 언뜻 보기에는 남편과 시댁 식구가 '그 나물에 그 밥'처럼 하나로 보인다. 마찬가지로 남편도 아내와 처가 식구를 하나로 보고 있을 수도 있다. 남편이 못마땅한 행동을 하면 마치 시집 식구들 전부의 문제인 것처럼, 반대로 아내의 어떤 일이 처갓집 사람들 모두의 문제인 것처럼 보인다면, 이는 미성숙하다는 얘기다.

남편과 아내를 자세히 보면 각각의 원가족과 닮은 점도 있지만, 다른 점도 찾을 수 있다. 다른 점을 다르게 대하는 마음을 가지면 선순환으로 갈 수 있다. 사업에 망한 남편이 자조적으로 "우리 집은 늘 그래! 아버지도 사업에 실패했는데 나도 그래! 나는 안되나 봐!"라고 말을 한다. 이때 아내가 "그래도 당신은 아버님과는 달리 나한테 이렇게 말을 하잖아! 이렇게 당신이 말을 해주니까 나는 마음이 좋아!"라고 하면, 남편에게 얼마나 위로가 될까? 이런 말은 뭉뚱그려진 것을 구별하는 마음이 없으면 나오지 않는다.

멀리서 보면 다 비슷해 보여도 자세히 보면 다르다. 부부는 서로 멀리서 한꺼번에 봐야 할 때도 있고, 가까이에서 자세히 봐야 할 때도 있다. 이런 구별은 분화를 함으로써 가능하다.

5. 뭐든 감사하게 여긴다

자신을 비우는 노력도 선순환으로 가게 한다. 마음이 자신이 원하는 것으로 가득 차 있으면 상대방이나 주변에 대해 고마움을 느낄 수 없다. 아이들 마음은 대체로 자신이 원하는 것으로 차 있다. 그래서 엄마나 아빠에게 고마움을 표현하기보다는 짜증이나 화를 낸다. 어른도 마찬가지다. 자신이 원하는 것을 채우려는 마음으로 살면 상대방 탓을 하게 된다. 자기는 최선을 다하고 있는데, 상대방이 안 도와준다고 불평을 한다.

'남편 복 없는 년은 자식 복도 없다'라는 말을 입버릇처럼 자주 하는 사람들이 있다. 그런 사람은 대체로 열심히 사는 사람이다. 그렇게 성실히 살면서도 상대방을 비난하고 불평하면 남편이나 자녀, 주변 사람이 도망간다. 열심히 살면서도 인복이 없는 사람이 되고 만다. 5부에서 얘기한 희생하는 사람들이다. 인복이 있으려면 자신의 마음을 비워야 한다. 원하는 것으로 가득 찼던 마음을 비우기 시작하면 주변 사람들이 참으로 고마워진다.

마음 비우기는 미래에 대한 희망이 있을 때 가능하다. 모든 것이 내가 원하는 대로 이루어지지 않아도 괜찮을 것이고, 더 좋을 수 있을 것이라는 희망이 있으면 내려놓을 수 있다. 오늘 안 되면 내일 하면 되고, 남편이나 아내가 안 도와주면 비난하거나 불평하는 대신 다른 사람의 도움을 받아서 하면 된다. 도움을 받을 곳이 없으면 안 해도 된다. 이렇게 마음을 계속 비워가는 사람은 일상을 변화시킬 수 있다. 이런 마음으로 살면 잘못한 것을 잘못했다, 미안한 것을 미안하다고 말할 수 있다. 이런 말을 자주 하고 들으면 존중받는 느낌이 든다. 마음이 언짢았다가도 금방 풀린다.

6. "내가 틀릴 수 있다"고 한다

실수를 인정하지 않으면 상대는 거리감을 느끼며 불신감을 갖게 된다. '내가 하는 일이 틀릴 수 있고 잘못할 수 있음'을 인정하는 자세를 가지면 저절로 상대방과 선순환으로 간다. 무엇인가를 깊이 이해하면 이해할수록 이 세상에 분명한 것은 별로 없음을 알게 된다. 멀리서 보면 분명한 것 같아도 가까이서 보면 분명하지 않은 것이 많다. 맞는다고 여겼던 것도 입장, 상황, 위치, 조건이 달라지면 틀린 것이 되기도 한다. 세상의 맞고 틀림은 상대적이다.

이런 생각을 하면 자신이 옳다고 주장하는 것이 상대방에게는 틀린 것일 수도 있다고 생각할 수 있다. 그래서 대화를 할 때 "내 말이 틀릴 수도 있는데, 내 입장에서는 이래"라고 하면 상대방은 편안해진다. 자신의 입장에서만 생각하던 것을 듣는 사람의 입장에서도 생각해볼 수 있다.

대화를 할 때 상대방이 하는 말을 전적으로 이해하지 못하는 경우가 허다하다. 나도 30년 이상 상담을 하면서 내담자의 말을 이해하기 위해서 전문적인 노력을 기울여왔다. 그러나 지금도 내담자의 말을 다 이해하기는 어렵다. 운전자가 경력이 많아지면 많아질수록 운전에 대해서 어려움을 느끼는 것과 같다. 사람은 다른 사람의 말을 들을 때 너무 쉽게 부분적으로 듣거나 자기식으로 듣거나 아예 듣지 않는다. 그렇기 때문에 "내가 잘못 들었는지 모르지만"이라는 말을 붙여주면, 대화가 부드러워진다. 이런 표현들이 자신만의 견고한 생각의 성을 무너뜨리고, 새로운 세상을 보도록 만든다. 서로 틀렸다고 주장하기보다는 다름을 인정해야 성숙한 대화가 된다.

아이가 학업 성적이 좋을 때나 집안에 기쁜 일이 생겼을 때, 서로 "당신 덕분이야"라고 하면 부부 관계는 선순환으로 가기 마련이다. 친척의 경조사를 잘 챙겨 칭찬을 들었을 때 "이 사람이 신경 썼어요"라고 상대에게 공을 돌리면, 부부 관계는 선순환으로 간다. 안 해도 되는 말처럼 들리지만, 이런 소소한 말들이 상대방을 기분 좋게 만들고 서로의 관계를 원활하게 만든다.

서로의 단점을 보고 이를 교정하는 대화도 중요하다. 서로를 세워주는 대화는 더 중요하다. 부모가 자녀에게 계속 고치라고 하면 자녀는 열등감을 느낀다. 자신에 대해서 부족함을 느끼고 부끄럽게 여긴다. 그러나 장점을 발견하고 이를 인정하는 말을 해주면 존재감을 느끼게 된다.

상대방의 공으로 돌리는 마음은 아주 귀한 마음이다. 서로를 살리는 마음이다. 이런 마음은 겸손이 없으면 불가능하다. 부부는 겸손한 마음을 가지고 서로를 세워주는 관계다. 부부는 인간을 성장시키고 성숙시킬 수 있는 가장 좋은 관계다.

02

선순환 관계로 가는
7단계

선순환의 삶은 자기중심성을 조절하는 특별한 훈련을 필요로 한다. 상담학적으로는 자신을 들여다보는 심리 분석, 자신의 마음을 조절하고 통제하는 마인드 트레이닝(mind training), 자신의 결핍을 들여다보는 원가족 치료 등이 있다. 이러한 노력을 통해 인간은 자신의 자기중심성과 심리적 결핍을 조절하는 방법을 배우게 된다.

이런 모든 노력은 영성과 직결된다. 보통 영성을 종교적으로만 이해하는데, 영성은 인간의 고귀한 특성 중 하나로 자기중심성에서 벗어나 자신의 마음을 조절하고 통제하면서 삶의 방향과 목적을 찾는 모든 노력을 의미한다. 영적인 노력이 없으면 인간은 다른 사람과의 관계를 선순환으로 만들어가기 어렵다. 선순환의 관계를 하기 위해서는 자기중심성과 심리적 결핍을 뛰어넘는 노력이 필요하다. 나는 이것을 초월이라고 한다. 인간관계를 선순환으로 만들고 싶다면 자신을 넘어서는 초월적 노력을 해야 한다. 자신을 들여다보면서 타인을 받아들이려는 노력이 초월이다.

선순환 부부 관계를 만들기 위해서 혼자서도 할 수 있는 방법을 소개하고자 한다. 부부가 같이 이 단계를 밟으면 이상적이나 보통은 한 사람이 먼저 성장한다. 한 사람만 성장해도 부부 관계는 악순환으로 가지는 않는다. 성장한 배우자를 보며 상대도 자극을 받아 변화가 시작된다. 함께 성장하면 부부는 온전히 선순환으로 들어간다. 남편과 아내 어느 쪽이든 먼저 다음의 과정을 거치며 자기 초월에 도전해보자.

1단계: 상대가 홧김에 한 말을 곱씹는다

강자는 하고 싶은 말을 하고 살지만, 약자는 할 말을 다 하지 못하고 산다. 약자가 아니어도 자기표현을 잘 하지 않는 사람은 평소에도 생각을 다 말하지 않는다. 그래서 화가 나서 하는 얘기와 술 마시고 하는 얘기는 대체로 진심이다. 관계가 나빠지거나 상대가 화를 낼까 봐 의식적으로 눌러 두었던 말이 홧김과 술기운을 빌려 나오기 때문이다. "화나면 무슨 말을 못 해? 술 때문에 헛소리한 거야"라고 흔히들 하지만, 그 말은 통제되었던 진심일 수 있다. 부부 관계를 선순환으로 바꾸려면 상대는 그 말을 듣고 반성을 해야 한다.

6부의 권력을 쥔 남편 사례에 나오는 영석 씨가 정아 씨가 "커피 가져다 달라, 생선 발라 달라 강요하면 어쩔 수 없이 해주긴 하지만, 하녀 취급당하는 것 같아서 당신을 존중하기는커녕 나도 당신을 하인처럼 대하고 싶다"라고 했던 말을 귀담아들어야 한다. 영석 씨는 자신이 남들보다 잘해주는 좋은 남편이니 아내는 자신의 말에 순종해야 한다고 생각한다. 그러나 정아 씨는 상담을 통해 자기가 원하는 부부 관계의 존중에 대해 이렇게 말했다. "당신이 존경받고 싶듯 나도 존중받고 싶어. 그래야 당신이 나를 사랑하는 것 같아"라고. 정아 씨 스스로 하려라고 느끼는 한, 영석 씨는 아내의 존경을 받기 어렵다.

6부의 민정 씨와 민수 씨 이야기로 돌아가보자. 민수 씨는 시댁 식구들과 만나기 싫다는 민정 씨에게 "당신은 우리 애들이 그렇게 살아도 좋겠냐?"라고 가슴 답답해하며 물었다. "우리 집은 뭐든 이 사람이 좋은 쪽으로 결정한다"는 얘기도 했다. 이런 말은 민정 씨가 하는 행동을 반영(reflection)해준다. 상대는 나의 거울이 되어 내 행동을 반영해주는데, 특히 가족 간에 하는 말은 나에 대해 많은 것을 얘기해준다. 이 말을 듣고 자기를 객관적으로 볼 수 있어야 관계가 선순환으로 간다.

상대가 나한테 하는 이야기를 곱씹으면 자기를 잘 이해할 수 있다. '저 사람이 왜 나한테 저런 얘기를 하지? 그 말이 무슨 뜻이지?' 생각하며 내용을 곱씹어야 한다. 상대방이 한 말을 곱씹는 행위는 인간의 자연스러운 마음과는 정반대다. 자연스러운 마음은 자신을 곱씹는 대신 상대방을 씹고 싶다. 인간은 자기중심성으로 가득 차 있기 때문에, 자신만을 생각하려는 자기중심성을 거스르지 않으면 상대방을 배려하기 어렵다. 그래서 자신을 곱씹는 마음은 자연스러운 자기중심성을 거스른다. 자신을 거스르는 노력이 없으면 자기를 안 보고 상대방 쪽으로 자꾸 시선이 향한다.

잘못을 지적하는 상대에게 "내가 언제, 뭘 잘못했는지 말해봐!", "네가 잘못했나, 내가 잘못했나 따져보자" 이렇게 하면 악순환이 된다. 선순환으로 갈 때는 상대의 말이 깨달아진다. '아, 저 사람 말이 그 말이었구나. 내가 그랬네. 그때 내가 잘못했구나. 참 어리석었구나.' 이렇게 자기를 객관적으로 보며 반성할 수 있게 된다. 성숙한 사람일수록 자신의 어리석음을 많이 깨닫는다. "나는 잘못이 하나도 없다"라고 하는 사람일수록 미성숙한 사람이다. 그래서 선순환으로 가려면 인간의 자연적인 성질을 거슬러야 한다. 자신을 거스르는 작업을 계속해야 성숙한다. 자신과 씨름하는 마음이 영성이다. 자기중심성이 바탕이 되는 자연성과 반대다.

2단계: 나를 돌이킨다

1~2년 전 한 지상파의 「부탁해요, 엄마」라는 드라마를 볼 기회가 있었다. 이 드라마를 보면서 많은 생각을 했다. 아내 역할을 맡은 배우 고두심은 빚보증으로 가계 재정 상태를 파탄 낸 남편을 대신해 반찬가게로 가정을 꾸려나가는 '굳세어라 금순아' 캐릭터다. 이 가정의 권력자는 아내다. 가정의 대소사와 자녀의 일은 아내의 의견대로 결정된다. 그래서 남편과의 관계가 삐걱거린다.

재정적인 무능력으로 늘 아내의 말에 따르던 남편이 맏아들 결혼 문제로 아내와 대립을 하면서 이 가정은 심각한 위기 상황에 처했다. 어려운 가정에서 금이야 옥이야 키워 변호사가 된 아들이 애 딸린 이혼녀와 결혼을 하겠다고 한 것이다. 남편은 아들이 그렇게 좋아하는데 결혼을 시키자고 하고, 아내는 이 아들이 자기의 기대를 배반해도 너무 크게 배반해서 힘든

데, 거기에 남편이 동조를 하니 더 이상 견딜 수가 없다.

"당신은 아버지라는 사람이 아들을 타이르기는커녕 편을 들어? 남편 노릇도 못하더니 아버지 노릇도 못하고 있잖아. 당신은 잘하는 게 뭐야?"

아내는 남편에게 소리를 지른다. 그러자 남편이 작심한 듯 얘기한다.

"내가 당신 때문에 얼마나 힘들었는지 알아? 빚보증 잘못 선 것 때문에 근 10년을 등신같이 살면서도 아무 말도 안 하고 살았어. 나도 남자야. 나는 그렇다 치고 애까지 나처럼 자기 아내한테 휘둘리면서 살게 하고 싶지 않아. 저 좋다는 사람하고 살게 하라고!"

빚보증 사건 이후 처음으로 남편이 속말을 했다.

"당신 꼴도 보기 싫으니 당장 나가."

아내는 이성을 잃고 소리를 질렀다. 싸움 후 남편은 3일째 집에 들어오지 않고 있다. 위기에 처한 관계를 선순환으로 돌이키려면 권력자 아내는 남편의 말을 묵상해야 한다. "나도 남자야. 애까지 나처럼 아내한테 휘둘리면서 살게 하고 싶지 않아"라는 남편의 말은 그동안 아내가 자신을 남자로, 남편으로 취급하지 않았어도 지은 죄가 있어 참았다는 말이다. 참았다는 말이자 힘든 일이었다는 얘기다. 이런 말은 평소에는 자제를 하다가 화났을 때, 술 마셨을 때 튀어나온다. 이런 소리가 중요한 내면의 목소리다.

권력자 아내는 남편이 3일이나 집에 들어오지 않자 허탈해하며 곰곰이 생각한다. '왜 남편이 아들 편을 들었을 때 그렇게 부아가 났을까? 내가 그때 왜 그렇게 소리를 질렀을까? 왜 그런 말을 했을까?' 객관적으로 자기를 보는 시간이다. 이런 시간을 가지면서 아내는 남편이 아들 편을 드는 것이 누구나 부러워하는 며느리를 얻고 싶었던 자신의 꿈을 깨는 것처럼 여겨져 그렇게 화가 났던 것임을 깨달았다. 남편의 빚보증으로 깨진 '보란 듯이 잘 살고 싶던 꿈'을 변호사 아들을 통해 이루고 싶었는데, 그 꿈을 '누구보다 자격 없는' 남편이 깨는 것 같아서 그렇게 화가 났던 것이다.

그리고 남편이 한 말도 생각해보았다.

절규하듯 쏟아낸 남편의 말을 되새기며 남편이 지은 죄가 있긴 하지만, 참 힘든 시간을 보냈겠구나라는 생각이 처음으로 들었다. "애도 나처럼 살게 하고 싶지 않다"는 말에 남편을 휘두르며 살아온 자신의 모습을 보게 되었다. 이런 시간이 반성하는 시간이다. 돌이키는 시간이다.

모든 관계가 좋아지고 선순환으로 가는 데는 돌이키는 과정이 있다. 회개가 있다. 상대방 얘기를 듣고 섭섭해하고 화만 내면, 돌이키지 못한다. '아, 쟤 마음이 저랬겠구나'라고 이해하는 사람은 돌이킨다. '자기 때문에 고생하며 살았는데, 미안함도 은공도 모르고 아들 편을 들다니.' 이렇게 분해하기만 하면 부부 관계는 악순환에서 벗어날 수 없다.

우리들은 살면서 늘 갈림길에 서게 된다. 상대가 아닌 자기를 보며 돌이킬 수도 있고, 자기만 옳다고 할 수도 있다. 남편이 원하는 대로 아들의 결혼을 허락할 수도 있고, 자신의 의견을 끝까지 관철하며 가정을 전쟁터로 만들 수도 있다. 어떤 선택을 하느냐에 따라 관계기 선순환으로 갈 수도 있고, 악순환으로 갈 수도 있다. 어느 길로 갈 것인가?

3단계: 사과는 "미안하다"는 말로 표현한다

관계가 선순환으로 가려면 나 자신을 곱씹어보고 자신을 돌이켜야 한다고 했다. 그런데 돌이키면서 느꼈던 미안함을 "미안하다"는 말로 꼭 표현해줘야 한다. 사랑하는 사람들 사이에는 "미안하다, 고맙다"는 얘기를 오히려 안 하는 경우가 많다. 우리는 부부끼리는 미안한데 미안하다고 얘기하지 않고, 고마운데 고맙다고 얘기하지 않는다. 모든 것을 당연하게 여긴다. 미안한 일을 해도 사랑하는 사이니까 괜찮고, 고마운 일을 해줬어도 가족이니 당연하게 여기는데, 이러면 관계가 나빠진다. 사람 마음은 사랑하는 가족 관계에서도 잘해준 것에 대해 "고맙다"는 인사도 받고 싶고, 상대가 잘못한 일에 대해서는 "미안하다"는 사과도 받고 싶다. 고맙다는 말을 들으면 마음이 좋고 뿌듯하다. 더 잘해주고 싶은 마음이 들기까지 한다. 미안하다는 말을 들으면 화가 많이 나도 누그러진다. 이런 말을 주고받으면 관계가 선순환으로 간다.

배우자가 화나게 했던 행동이 오히려 나에게 혜택으로 돌아올 때가 있다. 화나고 기분 나쁘게 했던 일이 생각지 않게 도움을 주는 일이 되기도 한다. 나중에 화가 가라앉았을 때 그 행동의 유익함에 대해 상대에게 말해주면 관계가 선순환으로 간다.

5부에서 남편이 100만 원어치 컴퓨터 기기를 사 가지고 와서 키보드로 머리를 두드렸던 혜리 씨. 그날 그렇게 대판 싸웠지만 화를 가라앉히고 나니 새로운 컴퓨터 기기 덕분에 혜리 씨도 도움을 받는 것이 있었다. 무엇보다 모니터가 큼직해서 인터넷 검색을 하기도 편했고, 영상을 볼 때 시원시원해서 좋았다. 이처럼 상대가 좋아서 하는 일들은 일정 부분 나에게도 좋다. 속으로는 좋다고 생각하면서도 배우자에게 그런 얘기는 절대 해주지 않는다. "그것 봐, 내가 좋다 그랬잖아, 당신이 몰라서 그랬던 거라고!"

이렇게 유세를 떨까 봐 안 해주기도 하고, 100만 원어치 사 와서 화가 났는데 얘기를 하면 더 사 올까 봐 말을 못 한다. 돈에 걸려서 얘기를 안 한다.

이런 생각에서 자유로워져야 한다. 남편에게 이렇게 말을 하며 자유로워지는 작업을 하면 좋다. "당신이 컴퓨터 기기를 사 와서 좋은 것도 있는데, 이 말을 해주기 싫었어. 내가 이 말을 하면 당신이 또 사 오고, 우리 살림살이에 문제가 생길까 봐 겁나." 아내가 이렇게 말을 하면 남편은 아내의 걱정하는 마음을 이해하기 쉽다.

4단계: 반성한 내용을 말하며 상대방의 마음을 알아준다

미안하다, 고맙다는 마음을 표현하며 자신이 이해한 것도 말을 해줘야 한다. "네가 그랬구나, 그런 마음이었구나"라고 말을 해야 한다. "네가 그런 마음인 줄 미처 몰랐다. 네가 참 힘들었겠구나." 서로 이런 얘기를 하는 시간이 필요하다. 부부는 화가 가라앉고 나면 상대방이 왜 그런 행동을 했는지 서로 안다. 악순환으로 갈 때는 공감하는 것이 아니라, 오히려 서로 건드려서 더 화가 나서 길길이 뛰게 한다. 알면서 안 채워주려고 비수를 꽂는다.

부부간에 어떤 말을 하면 상처를 받는지 어느 정도는 아는데, 여자들은 언어 센스가 발달해서 남편에게 기가 막히게 비수를 날린다. 비수를 날려놓고는 자기 마음을 알아달라고 한다. 그리고 그렇게 안 하면 대범하지 못하다, 남자답지 못하다고 비난까지 한다. 남자 입장에서는 비수를 맞고 남자답지 못한 사람까지 된다. 비수를 날렸으면 뽑아주고 상처에 약도 발라

쥐야 나아서 공감을 해줄 수 있는데, 그러기는커녕 남자답지 못하다는 낙인까지 씌워서 더 기분 나쁘게 만든다. 이러니 마음을 알아주기도 싫고, 사과하고 싶지도 않다. 남편은 사과하고 싶기는커녕 사과를 받고 싶다.

아내는 아내대로 남편은 남편대로 서로 사과를 받고 싶다. 사과를 할 사람은 없고, 사과를 받을 사람만 있다. 살다가 일이 생기면 또 싸운다. 그러면 연애 시절까지 거슬러 간다. 억울하고 분했던 일들의 파일이 있다. 1년 살면 파일 2개, 10년 살면 20개…… 파일들이 쌓여간다. 서로의 마음을 알면서도 안다고 얘기를 해주지 않아서 그렇다. 파일로 저장되기 전에 상대의 마음을 알아주는 말을 하면 관계가 선순환으로 간다.

5단계: 수시로 상대의 의견을 묻는다

돌이키고 나서는 자기 세계의 잘못된 점을 찾아내야 한다. 다행스럽게도 이 부분은 싸울 때 "나를 하녀같이 대한다", "이 사람은 자기 마음대로 한다"라며 상대방이 다 말해준다.

평소에는 쌓아두고 있다가 싸울 때 폭발하듯 얘기하는 것에서 벗어나려면, 수시로 자신의 행동에 대해 상대방의 의견을 물어보는 것이 좋다. "지금 내가 이러는 게 어때?", "내가 이러는 것이 괜찮아?"라고 물어봐야 한다. 이렇게 자신의 말이나 행동에 대해 피드백을 받으면 상대가 억울함을 느끼거나 본인이 나중에 뒤통수를 맞는 일은 없다. 나는 상대가 좋아할 것이라고 생각해서 한 행동이 상대에게는 원치 않은 일이나 오히려 싫은 것일 수도 있다. 물어보지 않으면 가족이라도 알 수 없다.

그런데 사람들은 정말 안 물어본다. 아주 사소한 일부터 자기 위주로 한다. 예를 들어 주말에 집에서 식사를 할 때 아내는 "지금 식사할래요?"라고 묻기보다는 이미 다 차려놓고 "식사하세요", "밥 먹어라" 한다. 남편이 생각이 없다거나 안 먹는다고 하면 "밥을 차려놨으면 먹어야지 또 언제 차리라고 안 먹는다는 거야?"라며 짜증을 낸다. 자기 타임 스케줄에 의하면 식구들이 지금 딱 먹어줘야 한다. 그러면 식구들은 먹고 싶지 않아도 먹는다. 내가 밥을 차려놓았어도 상대방이 먹지 않겠다고 하면 존중해줘야 한다. 더 좋은 것은 밥을 차리기 전에 밥이 먹고 싶은지, 밥을 먹을 것인지 먼저 물어보는 것이다. 반대의 경우도 마찬가지다. 식사 시간도 아닌데 아무 때나 "배고파, 밥 줘"라고 하지 말고 "배가 고프니 먹을 것을 차려줄 수 있는지" 묻거나 본인이 차려 먹을 수 있어야 한다. 서로의 마음이 어떤지 물어보고 그것을 존중해주어야 관계가 선순환으로 간다. 막상 가족에게는 이런 질문이 대부분 생략되고 무시된다.

6단계: 솔직하게 속마음을 얘기한다

이렇게 선순환으로 가려면 묻고 듣기와 존중하기가 되어야 한다. 그런데 여기에 우리나라만이 가진 특수한 주제가 있다. 우리는 한 번이 아닌 '세 번'을 물어봐야 한다. 특히 남녀 관계에서는 더 그렇다.

여자는 마음을 안 들키려고 속마음과 다른 말을 한다. 창피할까 봐 다른 얘기를 한다. 주로 심리적인 이유로 체면을 유지하려고 그런 말을 한다. 그런데 남자는 여자의 말을 사실로 듣는다. 듣는 대로 믿고 행동을 한다. 그러니 여자 입장에서는 이미지 관리하려고 한 말을 사실로 듣는 남자가 참 바보 같다. 남자 입장에서는 마음과 다른 말을 복잡하게 하는 여자를 만나면 아주 힘들고 짜증 난다. 여자는 남자에게 얘기할 때는 이미지 관리하지 말고 '싫으면 싫다, 좋으면 좋다'고 해야 한다. 한 번에 말이다.

반면에 남자는 사회적 지위, 위치, 관계에서 체면을 유지하려고 속마음이나 사실과 다른 말을 한다. 가족이나 친지들이 모였을 때 과장인데 부장인 것처럼 말을 한다거나, 식사를 할 때 본인이 한턱내는 것처럼 비싼 집에 가놓고 그것을 생활비에서 쓰도록 해서 아내와 싸우는 일이 종종 있다. 이런 것을 자꾸 돌이켜봐야 한다.

여자는 남자에게 얘기할 때 이미지 관리하지 말고 '싫으면 싫다, 좋으면 좋다'고 얘기하고, 남편도 사실과 다르게 높아 보이려고 하거나 아내에게 부담을 주면서 자신은 생색을 내지 않도록 해야 한다. 남자나 여자나 체면 때문에 마음과 다른 말이나 사실과 다른 말을 하고 나면 부부싸움으로 연결되기 쉽다.

7단계: '내 주제'를 찾는다

선순환으로 가기 위해 솔직하게 자기의 마음을 표현하라고 했는데, 이것이 쉬운 사람도 있고 어려운 사람도 있다. 솔직한 마음의 표현이 어렵다면 그렇게 된 이유가 있을 것이다. 내 삶의 역사에서 그렇게 형성된 이유를 찾아야 한다. 그것이 내 심리적인 주제이고, 자기 주제다. 자기 주제는 상담가, 분석가와 찾으면 제일 좋겠지만 시간이나 비용이 많이 든다. 굳이 상담가를 찾을 만큼 상태가 심각하지 않다면, 하루 동안 자신이 한 말을 녹음한 후 들어보길 권한다. 자신이 했던 말을 들어보면 평소에는 몰랐던 자기 모습이 보인다. 대학원 수업을 할 때 이런 훈련을 시키는데 학생들이 "들어보니 가관이었다"고 얘기하는 경우가 많았다. 자신이 어떤 말을 주로 했는지, 그 말을 왜 했는지 객관적으로 들어보면서 자신의 새로운 모습을 발견하게 된다.

그리고 감정 일지를 쓰면 내가 어떤 상황에서 어떤 감정을 느끼는지 나를 들여다볼 수 있다. '나'의 주제를 아는 데 많은 도움이 된다. 솔직하게 표현하는 것을 어렵게 만드는 '나의 주제'를 찾아 이를 해소하려고 할 때 진정한 성장이 일어난다. 내가 성장하면 배우자의 성장을 도우며 선순환 부부의 삶을 살 수 있다. 성장은 상대가 아닌 나의 모습을 내가 보고 깨닫는 것에서 시작된다.

부부는 다투더라도 서로를 사랑하는 마음이 있다. 소중한 가정을 지키고 싶은 마음도 있다. 이런 마음이 동력이 되어 어려운 성장의 과정을 견뎌낸다. 서로의 노력하는 모습을 보며 선순환의 관계가 만들어진다. 물론 본인들이 원하는 만큼 선순환이 이루어지지 않을 수도 있다. 그래도 성장은 성장이다. 작은 성장을 소중히 여기는 마음을 가진 사람은 선순환의 관계를 만들고 지속시킬 가능성이 아주 높다. 상대방이 아닌 자신에게 원인이 있음을 보는 것, 그것이 성장의 시작이다.

싸우는 것도 귀하다

싸움에 지친 사람들은 어떤지 모르지만 싸우는 것도 귀하다. 부부는 대체로 자기들끼리 싸우지, 밖에 나가서는 안 싸운다. 그래서 싸울 수 있는 대상이 있다는 게 얼마나 귀한가 싶다. 싸운다는 것은 서로에게 기대가 있고 마음이 있고 힘이 있다는 얘기다. 물론 여기에 폭력을 쓰면서 싸우는 경우는 해당하지 않는다. 노인분들이 나이 들어서까지 싸우는 것을 보면 '참 힘도 좋다' 싶다. 그분들은 싸우는 힘으로 살다가 그 힘이 없어지면 돌아가신다. 싸움이 바로 생명과 연결되어 있다.

이것을 철학적으로 연결하면 모든 살아 있는 생명체는 싸우고 다툰다고 할 수 있다. 다툼이 없으면 생명체가 아니다. 다툼의 종류는 다양하다. 생존을 위한 다툼, 선호를 위한 다툼, 올라가기 위한 다툼이 있다. 싸움이란 살아 있다는 표시고 너와 내가 다르다는 표시다. 너와 내가 성별도 다르고 성격도 다르고 히스토리도 다르고 힘도 다르다는 얘기다. 긍정적인 시각에서 보면 사람들은 싸우면서 수많은 메시지를 전달한다. 그러면 상대를 잘 알 수 있게 된다. 싸울 때 하는 말은 대체로 진심이다. 정신 차리고 나서는 그때 한 말은 진심이 아니었다고 하지만 사실 다 진심이다.

"너랑 살기 싫어." 그 말 진심이다. 그런데 너무 상처받지 않아도 된다. 부부가 살다 보면 때로는 같이 살기 싫을 때도 있다. 사람 안에는 늘 모순되는 마음이 공존한다. 사람은 유기체적 존재고 생명체기 때문에 같이 살고 싶을 수도 있고, 그리고 싶지 않을 수도 있다. 너하고 살고 싶기도 하고 살기 싫기도 하고 때로는 나 스스로도 살고 싶기도 하고 살기 싫기도 하다. 더 예쁜 여자 또는 더 멋있는 남자하고 살고 싶기도 하지만 너하고 살고 싶기도 하다. 네가 주장하는 것이 맞을 수도 있고 틀릴 수도 있다. 네 입장에서는 맞고 내 입장에서는 틀린다. 내 안에 이런 상반되고 모순되는 감정이 있다. '인간은 모순되고 부분적이고 작은 존재다'라는 말을 그래서 한다.

이 부분이 성장점(growing point)이 된다. 인간에 대한 이해를 해야 성장 포인트의 방향을 잡을 수 있다. 사람이 모순적인 것을 인정해줘야 한다. 많은 부부가 "지난번에 그렇게 말 안 했잖아. 왜 말을 바꾸는 거야?"라며 싸우는데 인간이란 존재가 원래 그렇다. 그러니까 이럴 때는 "그래, 니 모순적이야. 지난번에는 그렇게 말했는데 지금은 마음이 바뀌었어. 나 모순 맞아" 이렇게 모순됨을 시인하면 상대는 할 말이 없어진다. 우리는 모순되고 부분적이고 작은 존재다. 그것을 서로 수용해주면 성장하게 된다. 인간에 대한 이런 근본적인 이해 위에 선순환 대화 방법을 활용한다면 같이 사는 게 기적인 부부가 일상이 기적이 되는 삶을 경험할 수 있을 것이다.